KB232693

콜린 파월

콜린 파월

루이스 부부 지음
홍 원 팔 옮김

비전북출판사

 예배와 삶의 일치

복음에는 하나님의 의가 나타나서

믿음으로 믿음에 이르게 하나니; 기록된바,

"오직 의인은 **믿음**으로 말미암아 살리라" 함과 같으니라.

로마서 1 : 17

콜린 파월

1판 1쇄 발행 : 2002년 5월 5일
1판 3쇄 발행 : 2007년 3월 31일

저 자 : 루이스 부부
역 자 : 홍원팔
발행인 : 이원우 / 발행처 : **비전북출판사**
주 소 : (413-832) 경기도 파주시 교하읍 문발리 535-13호
전 화 : (031)955-4421 / 팩 스 : (031)955-4432
E-mail : vsbook@hanmail.net
등록번호 : 제10-1452호

공급처 : **미스바출판유통**
전 화 : (031)955-4433 / 팩 스 : (080)300-9191

Copyright ⓒ 2002 **비전북출판사** Printed in Korea
값 4,000원

ISBN 978-89-87613-88-7 03230

❖ 잘못 만들어진 책은 바꾸어 드립니다.
❖ 본 도서의 내용을 일부 또는 전부를 허락없이 전재, 복사 또는 광전자 매체 수록 등을 할 수 없습니다.

TODAY'S HEROES
Colin Powell

by

Gregg & Deborah Shaw Lewis

[차례] CONTENTS

COLIN POWELL'S RULES

Here is a list of guidelines and lessons Colin Powell has learned over a lifetime. He keeps these basic principles handy to remind himself what it takes to achieve success in any task he undertakes.

1. It ain't as bad as you think. It will look better in the morning.

2. Get mad, then get over it.

3. Avoid having your ego so close to your position that when your position falls, your ego goes with it.

4. It can be done!

5. Be careful what you choose. You may get it.

6. Don't let adverse facts stand in the way of a good decision.

7. You can't make someone else's choices.
   You shouldn't let someone else make yours.

8. Check small things.

9. Share credit.

10. Remain calm. Be kind.

11. Have a vision. Be demanding.

12. Don't take counsel of your fears or naysayers.

13. Perpetual optimism is a force multiplier.

콜린 파월의 법칙

다음은 콜린 파월이 일생 동안 배운 지침들과 교훈들의 목록입니다. 그는 이 기본적인 원리들을 마음에 새김으로써 그가 하는 어떤 일에서도 성공을 거둘 수 있었습니다.

1. 당신이 생각하는 것만큼 나쁘지 않다. 아침이 되면 더 나아질 것이다.

2. 화가 나면 먼저 화를 낸 다음 그것을 극복하라.

3. 자신의 입장에 자아를 밀접하게 연관시키지 말라.

   그 입장이 나빠지면 당신의 자아도 함께 무너져 버린다.

4. 하면 된다!

5. 조심스럽게 선택하라. 그러면 선택한 것을 얻을 수 있을 것이다.

6. 훌륭한 선택을 하려면 그것을 방해할 사실에 굴복하지 말라.

7. 당신이 다른 사람을 대신해서 선택할 수 없듯이

   다른 사람이 당신을 대신해서 선택할 수도 없다.

8. 사소한 일들을 점검하라.

9. 공적은 나누어라.

10. 침착하라. 친절하라.

11. 비전을 가져라. 항상 최선을 추구하라.

12. 당신의 두려움과 비관론자에게 지나치게 기울이지 말라.

13. 끊임없는 낙관주의는 힘을 증가시켜 준다.

1

친구이자 멘토

2001년 2월 2일 어떤 고등학생이 미국 국무성에서 콜린 파월 국무 장관을 소개했습니다.

그 학생은 다음과 같이 말했습니다.

"내 이름은 조니 스톤입니다. 나는 발루고등학교에 다니며 우리 학교는 워싱턴에 있습니다. 나는 콜린 파월 국무 장관님의 이메일 파트너입니다. 지난해에는 이메일을 통해서 콜린 파월 국무 장관님을 알게 되어 매우 기뻤습니다. 우리는 정기적으로 이메일을 교환하며, 일반적으로 학교에서 일어난 일들에 대해 이야기를 나눕니다. 그는 훌륭한 분입니다. 그리고 냉정한 분이기도 합니다. 이제 나의 친구이자 나의 멘

토이신 콜린 파월 국무 장관님을 소개하겠습니다.”

콜린 파월 국무 장관은 방안을 둘러보았습니다. 그의 앞에 앉은 학생들은 “그라운드호그 잡 새도 데이”(Groundhog Job Shadow Day)에 참석하고 있는 중이었습니다. 그것은 국무성에서 어른들이 하는 일을 배우고, 체험하는 프로그램이었습니다.

그들에게 있어서 그날은 매우 신나는 날이었고, 흑인으로서는 최초로 국무 장관이 된 사람을 만날 수 있는 기회를 얻게 되어 더욱 특별한 날이었습니다.

콜린 파월 국무 장관은 조니에게 감사했습니다. 그리고 학생들에게 조니 스톤과는 지난 6개월 동안 이메일을 통하여 서로를 알게 되었다고 설명했습니다. 비록 처음으로 직접 얼굴을 맞대고 만나게 되었을지라도 그들은 좋은 친구가 되었으며 “이것을 시작으로 해서 오랫동안 좋은 관계를 유지할 수 있기를 바랍니다.” 라고 말했습니다.

콜린 파월 국무 장관은 환영 인사를 한 후에 매년 “그라운드호그 잡 새도 데이”를 기대한다고 말했습니다. 그는 이 프로그램을 깊이 신뢰하고 있었습니다. 왜냐하면 그것을 통해 국내 전역의 어린이와 청소년들이 직접 일터에 찾아와 그 자신과 같은 “늙은이들”을 포함한 어른들이 생활비를 벌기 위해 어떤 일을 하며, 또 날마다 어떻게 자신들의 업무를 수행하고 있는 지를 알 수 있기 때문입니다.

콜린 파월 국무 장관은 계속해서 말했습니다.

"여러분은 성공적인 사람들이 무슨 일을 하는지 알아야 할 필요가 있습니다. 그래야 여러분도 성공의 길을 걸을 수 있기 때문입니다. 결국 여러분은 모두 선택을 해야만 합니다. 거울을 쳐다보십시오. 자기 자신을 살펴보십시오. 자신의 내면을 깊이 들여다보고 선택을 하십시오. 그리고 '나는 성공할 것이다. 내 앞에 어떤 장벽이 가로막을지라도 개의치 않겠다. 사람들이 나에 대해 무슨 말을 할지라도 개의치 않겠다. 나는 반드시 성공할 것이다. 나는 성공할 수 있기 때문에 성공할 것이다.' 라고 말하십시오!"

콜린 파월 국무 장관은 하나님께서 어린이와 청소년들에게 건강한 육체와 건전한 정신과 그들의 인생을 위해 훌륭한 선택을 할 수 있는 충분한 능력을 주셨다는 것을 상기시켜 주었습니다. 그리고 만약에 그들이 하나님과 부모님들이 그들에게 준 재능을 잘 활용한다면 그렇게 할 수 있을 것이라고 말했습니다.

또한 그는 "인생에 있어서 정확한 선택을 하기 위해서는 인격이 가장 중요하다." 라고 말했습니다.

수주 후에 콜린 파월 국무 장관은 독일 외무부 장관과 공식적인 오찬(lunch meeting)을 가진 후에 국무성 건물을 나서다가 정문 근처에 서 있는 일단의 학생들을 만나게 되었습니다.

콜린 파월 국무 장관은 그들에게 "하이! 하우 아 유?"(Hi! How are you?) 라고 인사했습니다. 그들의 명찰을 보니 그들은 국내 전역에서 온 학생들로서 상원의회의 지원을 받는 학생들을 위한 프로그램의 일부로 1주일 동안 수도 워싱턴을 방문하고 있는 중이었습니다. 콜린 파월 국무 장관은 그들을 독일 외무부 장관에게 소개했습니다. 그는 갑자기 한 무리의 청소년들에게 둘러싸이자 놀라는 것 같았습니다.

그들은 보안 검색을 받기 위해 줄을 서서 기다리고 있는 중이었습니다. 그들에게 콜린 파월 국무 장관이 물었습니다.

"여러분, 어디로 가고 있는 중이지요?"

학생들은 국무성에 대한 연설을 들으러 가는 중인데 누가 연설을 하는지 알지 못한다고 대답했습니다.

콜린 파월 국무 장관은 미소를 지으며 "연설에 대해서는 잊어버리세요. 내게 더 좋은 생각이 있습니다!" 라고 말해서

 콜린 파월

그들을 놀라게 했습니다. 그는 그들을 이층으로 데리고 가서 자기와 다른 국무성 관리들이 외국의 고위 인사들을 접견하는 장소를 보여 주었습니다. 그는 아름다운 고(古)미술품으로 장식된 특별한 방들도 구경시켜 주었습니다. 하나의 방에는 토머스 제퍼슨의 책상이 있었는데 아마 제퍼슨은 그 책상에서 파리조약에 서명했을 것 같았습니다. 파리조약은 미국을 영국으로부터 독립시켜준 조약이었습니다.

구경이 끝나기 전에 40명의 학생들과 약간 당혹스러운 한 사람의 독일 외무부 장관은 미국 역사상 잊을 수 없는 개인적 교훈을 얻었습니다.

대통령의 행정부에 속해서 제일 바쁜 국무 장관이 시간을 내어 학생들과 대화를 나누고 그들에게 국무성을 보여준 이유는 무엇일까요?

또 정기적으로 세계 여러 나라의 최고 지도자들을 만나는 사람이 시간을 내어 고등학생과 정기적으로 이메일을 교환하는 이유는 무엇일까요?

콜린 파월 국무 장관은 진정으로 자기 나라와 그 역사를 사랑하기 때문에 그와 같은 일을 했습니다. 그리고 그는 만약에 미국이 계속적으로 크고도 영향력 있는 나라가 되려한다면 그 국민들, 특히 어린이와 청소년들이 그들의 정부가

하는 일을 이해해야 할 필요가 있다고 믿었습니다.

그러나 또다른 이유도 있습니다. 비록 콜린 파월 국무 장관이 지금은 널리 알려지고, 존경을 받으며, 세상에서 가장 영향력 있는 지도자들 중의 한 사람이 되었을지라도 그는 자신이 누구인지, 어떻게 해서 오늘날의 자기가 되었는지에 대해 결코 잊은 적이 없었기 때문입니다.

 콜린 파월

끈끈한 가족 사랑

1939년 9월 1일 제2차 세계 대전(연합국과 독일 · 일본 · 이탈리아 동맹국과의 전쟁)이 시작되었을 때 콜린은 3살이었습니다. 그러므로 그의 최초의 기억들도 그 전쟁에 관한 것이었습니다. 그는 나무로 만든 장난감 비행기를 조립하고, 거실에 장난감 병정들을 늘어놓으며, 그의 친구들과 함께 길거리에서 서로 총을 겨누는 시늉도 하면서 전쟁 놀이를 했습니다.

"빵 빵! 너는 죽었어!" 한 친구가 말합니다.

"아니야, 나는 죽지 않았어!" 다른 친구가 대답합니다.

그리고 그들은 독일의 나치 비행기가 오는지 하늘을 살펴보았는데 마치 적기가 뉴욕시를 공격하는 것처럼 조심스레 살펴보았습니다.

모든 사람이 전쟁에 관해서 이야기를 했습니다. 어떤 사람들이 바다 건너 어디에선가 싸우고 있다는 사실을 알고 있었기 때문입니다.

콜린의 가장 귀중한 재산 중의 하나는 노란색의 독일 나치 아프리카 군단의 헬멧이었는데, 그것은 미군 제4기갑사단(최신 과학을 응용한 병기·기계 등으로 장비한 부대로 편성한 사단)에서 복무한 그의 삼촌 빅(Vic)이 전쟁터에서 집으로 가져온 것이었습니다.

그 당시에 미군들은 영웅들이었습니다. 사람들은 나라를 위해 용감하게 싸우는 것보다 더 영광스러운 것은 없다고 생각했습니다. 그리고 나중에 그런 확신은 군 복무에 대한 콜린의 자세에 큰 영향을 주었습니다.

그리고 제2차 세계 대전은 콜린에게 직접적이고도 개인적인 영향을 주었습니다. 그것은 그의 이름을 바꾸어 놓았는데 전쟁 전에는 영국식 발음으로 "칼린" 이라고 불려졌습니다. 그러나 일본이 진주만을 공격한 지 이틀 후에 콜린 켈리라는 비행사가 일본 전함을 공격한 것으로 유명해지자 이웃의 소년들이 그를 콜린이라고 부르기 시작했습니다.

비록 그의 가족들은 여전히 칼린이라고 불렀을지라도 그의 친구들과 이웃 사람들은 모두 콜린이라고 불렀습니다.

그의 가족으로는 아버지인 루터 테오필러스 파월(Luther Theophilus Powell), 그의 어머니인 모드 아리엘 맥코이 파월(Maud Ariel McKoy Powell) - 아리(Arie)라고 불려짐 - 그리고 그의 누나인 마릴린(Marilyn)이 있었습니다.

콜린의 아버지 루터와 어머니 아리는 자메이카에서 태어났습니다. 그러나 그들은 각각 뉴욕으로 이사온 후에 서로 만나게 되었습니다.

아버지인 루터는 가난한 가정에서 9명의 자녀들 중에 둘째였고, 젊었을 때 더 나은 삶을 찾기 위해 미국으로 건너 왔습니다.

어머니인 아리는 9명의 자녀들 중에서 장녀였는데 그녀의 어머니 알리스 맥코이 - 콜린의 외할머니로서 "그램 맥코이"라고도 불려짐 - 는 쿠바의 아바나로 이민을 갔습니다. 아리는 자메이카의 집에서 고등학교를 마치고 변호사 사무실에서 속기사로 일하고 있었습니다. 하지만 그녀는 어머니와 합치기로 했습니다. 그러나 뉴욕시로 이사를 해야 한다는 조건을 붙였습니다.

아버지인 루터가 미국에 도착했을 때 처음에는 정원사로,

그 다음에는 건물 관리인으로 일을 하다가 그는 진스버그에서 일자리를 얻었는데, 그 곳은 여성 의류 제조업체였습니다. 거기서 그는 보관 창고에서 일하다가 화물 발송계로 옮겼고 거기서 책임자가 되었습니다.

어머니 아리는 쿠바에서 그녀의 어머니와 합류했고, 둘이서 함께 배를 타고 뉴욕으로 왔습니다. 그리고 그들은 의류업체의 재봉사로 일했습니다. 그들은 자기들이 만든 옷의 숫자에 따라 임금을 지급 받았는데, 말하자면 성과급 방식의 작업이었습니다.

외할머니 그램 맥코이는 재봉사 일을 하는 이외에도 자메이카에서 온 친척들과 다른 이민자들을 상대로 하숙집을 경영했습니다. 그녀는 자기가 번 돈 대부분을 다른 가족들을 돕기 위해서 자메이카로 보냈습니다.

콜린의 이모 베릴(Beryl)에 따르면 콜린의 아버지 루터 파월이 외할머니 그램 맥코이로부터 방을 빌렸기 때문에 콜린의 어머니 아리 맥코이를 만날 수 있었다고 했습니다.

그리고 루터와 아리는 1929년 12월 28일에 결혼을 했습니다. 그들의 딸 마릴린은 1931년에 태어났으며, 그들의 아들 콜린은 1937년 4월 5일에 태어났습니다. 파월 부부는 열심히 일하는 부부였습니다.

콜린의 아버지 루터는 아침 일찍 일터로 나가 밤 7시나 8시가 지나도 돌아오지 않았습니다. 콜린의 어머니 아리 역시 하루 종일 일하고 피곤에 지쳐 집으로 돌아왔습니다. 그녀의 삶의 목표는 자기 자식들에게는 자신보다 더 나은 기회를 주기 위해 돈을 버는 것이었습니다.

콜린의 부모들은 그들의 새로운 나라의 시민이 되었는데 그것은 매우 자랑스러운 일이었습니다. 그리고 그들은 열심히 일하고 교육을 받으면 (적어도 자식들만이라도) 아메리칸 드림을 성취할 수 있을 것이라고 믿었습니다.

그러나 그들은 결코 자메이카인이라는 민족의 뿌리를 잊지 않았습니다. 종종 바나나, 염소 구이, 쌀, 완두콩 등과 같은 전통적인 민속 음식으로 잔치를 벌였습니다. 그리고 친척들이 고향을 방문한다고 말하면 그것은 자메이카로 가는 것으로 이해되었습니다.

비록 그들이 많은 돈을 벌지 못했을지라도 루터 파월 부부는 이웃 사람들의 존경을 받았습니다. 루터는 친절하고 다정하며 사교적인 이웃으로 알려졌고, 항상 어려운 사람들을 도와주었습니다.

가스 검침원이 미터기를 점검하기 위해 찾아올 때에도 루터는 항상 그를 초대하여 부엌 식탁에서 커피를 대접했습니다. 또 크리스마스 때에는 청소부를 아파트로 초대하여 다과를 제공하고 약간의 사례금과 함께 선물을 주었습니다.

루터 파월은 "모르는 사람이 없는" 사람이었습니다. 그의 가족들은 아버지 루터 파월이 아파트 현관 계단에 앉아서 누군가가 오기를 기다리고 있던 모습을 기억했습니다. 그는 만나는 사람들과 대화를 나누고, 자주 집으로 초대하여 커피나 차를 나누어 마셨습니다.

그리고 그는 자신과 같이 개방적이고 다른 사람들을 환대하는 성격을 그의 아들 콜린에게 물려주었습니다.

콜린의 최초의 기억들 중의 하나는 가족과 관련된 일인데 그것은 콜린에게 정신적으로 큰 충격을 준 사건이었습니다. 그가 4살쯤 되었을 때, 부모들은 일하러 나가고, 그의 외할머니 그램 맥코이가 그를 돌보고 있었습니다.

그런데 콜린이 머리핀을 발견하고 그만 그것을 전기 콘센트에 꽂았습니다. 그는 불꽃이 튀는 것을 보았으며 전기 쇼크를 받았습니다. 그의 할머니는 콜린을 크게 꾸짖으며 동시에 그를 끌어안았습니다. 그의 부모들이 집으로 돌아왔을 때 그들은 또다시 콜린을 꾸중했습니다.

그러나 어린 나이에도 불구하고 그런 소동을 통해 콜린은 자기가 사랑받고 있다는 사실을 느꼈습니다.

　콜린이 6살이 되었을 때, 그의 가족들은 그가 태어난 할렘에서 이사를 했습니다. 그들은 뉴욕시의 다른 지역에 있는 사우스 브롱크스 구역 켈리 거리에 있는 건물에 정착했습니다. 그들은 3층에 있는 방 4개인 아파트로 이사했고, 그 건물은 각 층마다 2가구씩 4층으로 이루어져 있었습니다. 따라서 그 건물에는 다른 7가구들이 함께 살고 있었습니다. 콜린은 바로 그 곳에서 성장했습니다.

　콜린이 다니던 초등학교는 그의 집에서 3블록 정도 떨어져 있었습니다. 그 학교 건너편에는 성 마가레트감독교회가 있었는데, 그의 가족들은 그 교회에 다녔습니다.

　길 건너편에는 그의 이모 기다(Gytha)와 삼촌 알프레드(Alfred)가 살고 있었으며, 또 다른 이모인 라우리스(Laurice)와 삼촌 빅(Vic)은 길 아래쪽에 살고 있었습니다. 그리고 콜린의 대모(代母) 바드스(Vads) 아주머니는 좀더 멀리 살고 있었습니다.

　헌트스 포인트 공원도 그의 아파트에서 가까운 거리에 있었습니다. 그들이 브롱크스로 이사를 간 직후에 콜린은 그의 어머니 아리와 누나 마릴린과 함께 공원에 놀러갔습니다. 아리가 마릴린을 그네에 태우고 밀어주고 있는 동안에 콜린은 구경을 하며 자기 차례가 오기를 기다리고 있었습니다.

마침내 콜린은 충분히 오랫동안 기다렸다고 생각했고, 그네를 탈 준비를 했습니다. 하지만 마릴린이 거부하자 콜린은 그녀의 앞으로 달려나갔습니다. 그러자 콜린은 그만 그네에 머리를 부딪혔고, 결과적으로 상처를 바늘로 꿰맸으며, 평생 동안 흉터가 남았습니다.

나중에 헌트스 포인트 지역은 우범 지대가 되었습니다. 마약 밀매자들과 갱(조직 폭력배, 깡패)들이 난무하여 그 지역은 아파치 요새라는 별명이 붙었습니다. 그러나 콜린이 자라던 시기에 헌트스 포인트는 누구나 서로를 잘 아는 작은 지역이었습니다. 만약에 아이들이 잘못된 행동을 한다면 어른들(주로 친척들)이 그것을 보고 꾸중했습니다.

그러나 이제 이웃들이 너무나도 거칠어지고, 험악해져 루터 파월 가족들은 문과 창문들을 잠그게 되었습니다. 그리고 밤에는 앞문에 쇠막대기를 받쳐 놓고 아무도 들어올 수 없게 만들었습니다.

콜린은 가까운 곳에서 강도 사건과 패싸움이 자주 벌어진다는 사실을 알고 있었습니다. 그러나 그는 자기를 사랑해주고, 또 지켜주는 사람들에게 둘러싸여 있다는 사실을 몸소 느꼈습니다.

콜린의 집에서 한 건물 떨어진 곳에 켈리 거리가 있었는데 사람들은 그 주변 지역을 바나나 켈리라고 불렀습니다.

브롱크스의 다른 모든 건물과 마찬가지로 그 곳에도 유럽 유대인들이 운영하는 잡화 상점이 있었습니다. 그들은 문구, 과자, 아이스크림, 음료수 등을 팔았습니다. 건물마다 유대인 제과점, 푸에르토리코(서인도 제도의 섬)인 식료품 가게, 중국인 세탁소, 이탈리아인 구두 수선 가게 등이 있었습니다. 그러나 흑인이 운영하는 가게는 하나도 없었습니다.

바나나 켈리에는 다수 민족이 없었습니다. 따라서 모두가 소수 민족이었습니다. 유대인, 폴란드인, 그리스인, 이탈리아인, 푸에르토리코인, 니그로(그 당시에는 흑인들을 그렇게 불렀음) 등이 살고 있었습니다.

콜린이 어렸을 적에 가장 친했던 친구는 지니 노만이었는데 그도 역시 서부 인디언이었습니다. 또다른 가까운 친구는 토니 그랜트였는데 그는 백인이었고, 다른 친구들로는 라미레쯔, 슈바르쯔, 가르시아 등이 있었습니다.

콜린은 그의 이웃에 살고 있던 다양한 인종들이 두 개의 그룹으로 나누어진 것을 기억하고 있었습니다. 하나는 마약을 하는 그룹이었고, 다른 하나는 마약을 하지 않는 그룹이었습니다. 그와 그의 친구들은 마약을 사용하지 않았습니다.

나중에 콜린은 젊은이들에게 마약에 대해 강연을 했습니다. 1991년 4월 15일에 모리스고등학교에서 한 연설 중에 그는 자신이 성장한 지역에 마약이 범람했다고 말했습니다. 그러나 그는 결코 그것에 손대지 않았고 실험적으로도 해보지 않았습니다.

그는 말했습니다.

"첫 번째 이유는 만약에 내가 마약에 손을 댔다면 나의 부모님이 나를 죽였을 것입니다. 그리고 두 번째 이유는 그것은 너무나도 어리석은 일이기 때문입니다."

그와 그의 친구들은 그것이 하나님과 부모님들이 그들에게 준 생명을 망치는 길이라는 것을 알고 있었습니다.

3

사랑에 둘러싸여

콜린이 8살이 되었을 때 그의 가족은 이모들, 삼촌들과 함께 롱아일랜드로 여름 휴가를 갔습니다. 콜린은 밖에서 혼자 놀고 있었는데 먼지가 눈에 들어갔습니다. 그는 통나무집으로 달려들어가 울었습니다. 라우리스 이모가 그의 눈에서 먼지를 빼내 주었습니다.

그러나 눈이 여전히 아파서 콜린은 계속해서 울었습니다. 그러다 울음을 그치고 다시 밖에 나가 놀았는데 우연히 이모의 말을 엿듣게 되었습니다. 그녀는 기다 이모에게 "콜린은 울보야!" 라고 말했습니다. 그런데 그것이 콜린의 마음을 상하게 했습니다. 그래서 콜린은 "다시는 내가 우는 모습을 어

느 누구에게도 보이지 않겠다!"고 결심했습니다. 그러나 그것
은 지킬 수 없는 맹세였습니다.

그 다음해에 콜린은 초등학교 4학년이 되었습니다. 그때
그는 열등반으로 내려갔습니다. 그것은 선생님들이 그의 학
습 진도가 느리다고 판단했다는 것을 의미했습니다. 콜린은
매우 당혹스러웠습니다. 그리고 그 일 때문에 부모님이 걱정
하실 것이라는 사실도 알고 있었습니다.

루터 파월 가족에게 있어서 교육은 가난을 벗어날 수 있는
유일한 길이었습니다. 콜린의 누나 마릴린은 우수한 학생이
었으며, 곧 대학에 갈 예정이었습니다. 콜린은 그의 부모님
이 학교 성적을 중요시한다는 사실을 잘 알고 있었습니다.
그러나 콜린은 그들의 기대에 미치지 못했습니다.

콜린은 잠시 동안 피아노 레슨을 받았습니다. 그러나 그것
도 역시 성공하지 못했습니다. 그리고 플루트를 배우려고 애
쓰기도 했습니다. 하지만 마릴린은 콜린의 악기에서 나오는
소리를 듣고 비웃었습니다. 얼마 후에 그는 레슨을 그만 두
었습니다.

거기다가 콜린은 운동도 잘하지 못했습니다. 어느 날 콜린
과 그의 친구들이 공터에서 야구를 하고 있는데 콜린의 아버
지가 지나가다가 멈추어 서서 그 게임을 구경했습니다.

콜린이 타석에 들어섰습니다. 그는 첫 번째 공을 보고 배트를 휘둘렀으나 헛스윙을 했습니다. 그 다음 공도 마찬가지였습니다. 투 스트라이크였습니다. 그는 자기 아버지가 구경하고 있다는 사실을 잊어버리려고 애썼습니다.

투수가 다시 공을 던졌습니다. 콜린은 또다시 배트를 크게 휘둘렀습니다. 세 번째 스트라이크였고, 그는 아웃이 되었습니다. 콜린은 그날 타석에 들어설 때마다 스트라이크 아웃이 되었습니다. 그는 아버지 앞에서 야구를 잘하지 못해 매우 부끄러웠습니다. 그러나 루터 파월은 결코 실망감을 표현하지 않았습니다.

콜린이 행복한 인생을 사는데 반드시 훌륭한 운동 선수가 되어야 할 필요는 없었습니다. 그는 동네 아이들과 함께 여러 가지 놀이를 하는 것을 좋아했고, 그의 친구 토니가 여러 가지 게임들을 고안했는데, 모두 합해서 36가지나 되었습니다.

그 중 콜린이 좋아하던 놀이는 연 싸움이었습니다. 그와 그의 친구들은 병을 깨어서 그 조각들을 깡통에 넣어 전찻길 위에 갖다 놓았습니다.

전차들이 지나가면 깡통 속의 유리들은 가루가 되었습니다. 그들은 그 유리 가루를 연줄에 바르고 연꼬리에 양날 면도칼을 달았습니다. 그리고 나서 아파트 지붕에서 연을 날렸

습니다. 그러면 연줄이나 면도칼이 다른 아파트 지붕에서 연을 날리는 다른 아이들의 연줄을 끊어버렸습니다. 적군의 연이 길거리에 떨어지면 그들은 매우 기뻐했습니다. 그것은 바로 그들 방식의 제2차 세계 대전 공중전이었습니다.

콜린은 또한 링 어 레비오(ring-a-levio)라는 게임을 잘하기로 유명했는데, 그것은 브롱크스 방식의 깃발 빼앗기 게임이었습니다. 먼저 4명 또는 6명씩 두 편으로 나눕니다.

한편이 도망가면 다른 한편이 그 뒤를 쫓아가고 그러다가 잡히면 밀실에 갇히게 됩니다. 같은 편이 그 밀실로 들어와 "모두 석방이다!" 라고 외치면 죄수들은 자유를 얻게 됩니다.

어떤 소년들은 몰래 밀실로 침입하려 했습니다. 그러나 콜린은 정면 공격을 더 좋아했습니다. 그는 적군이 충분히 멀리 떨어질 때까지 동정을 살폈습니다. 그리고는 약 반 블록쯤 되는 거리를 전력 질주하여 밀실로 가서 포로가 된 친구들을 구출했습니다.

콜린이 매우 잘하고, 또 좋아했던 또다른 일은 성 마가레트감독교회에서 복사(服事; 사제의 예배를 돕는 사람)의 일

 콜린 파월

이었습니다. 콜린의 아버지 루터는 성 마가레트교회에서 평신도 지도자였고, 어머니 아리는 제단 봉사부장이었습니다. 그리고 누나 마릴린은 어린이 예배 때 피아노를 반주했습니다. 콜린 가족은 교회 바자회, 식빵 판매, 연례 무도회 등을 도왔습니다. 그리고 매주 자기들의 가족석에 앉았습니다.

루터와 아리는 자메이카 성공회교회에서 성장했습니다. 성 마가레트교회는 예배 형식, 뾰족탑, 제단 그리고 사제들에 있어서 그들이 다니던 교회를 상기시켜 주었습니다. 콜린은 장엄하고 화려한 고교회(성공회의 일파로 교회의 권위, 의식, 성만찬을 중시함) 예배 의식을 좋아했습니다. 그는 예배 시의 향냄새와 촛불을 좋아했습니다.

견진례는 그에게 있어서 기억할만하고도 의미심장한 체험이었습니다. 콜린이 제단에서 무릎을 꿇고 있을 때, 감독이 그의 머리에 손을 대고 안수 기도를 해 주었습니다. 그때 감독은 다음과 같이 기도했습니다.

"오, 주님이시여. 당신의 자녀를 하늘의 은혜로 지켜 주소서. 그가 영원히 당신의 자녀가 되게 하소서. 주님께서 영원한 나라에 임하실 때까지 그를 날마다 더욱 성령 충만하게 하소서! 아멘!"

콜린은 후에 견진례의 체험이 그에게 깊은 확신을 가져다 주었다고 말했습니다.

"그 후 그 기도를 들을 때마다 하나님께서 나를 지켜 주신다는 사실을 알았습니다. 그리고 그분의 기대에 따라 살아야 할 필요가 있다는 것도 깨달았습니다."

마릴린의 첫 번째 남자 친구는 존이라는 청년이었는데 그의 가족들도 성 마가레트감독교회에 다녔습니다. 그리고 콜린은 전형적으로 눈치없고 귀찮은 남동생이었습니다. 그는 마릴린과 존이 단 둘이 있을 때, 몰래 끼여들어가 그들을 방해하고 괴롭혔습니다. 때때로 존은 콜린에게 용돈을 조금 주어 그를 떼어놓았습니다.

몇 년 후에 콜린이 고등학교 여자 친구를 가족 파티에 데리고 왔을 때, 마릴린은 빚을 갚아 주었습니다. 마릴린은 저녁 내내 그들을 보고 킥킥대고 웃었습니다. 나중에 콜린이 그녀에게 무엇이 그리 우스웠는지 물어보았을 때, 마릴린은 "그 여자 친구에게 무슨 특별한 점이 있니?" 라는 질문으로 대답을 대신했습니다.

콜린은 누나가 자기의 여자 친구를 대수롭지 않게 생각한다는 것을 알고는 매우 놀랐습니다. 그리고 마릴린의 의견이 그에게 영향을 주었습니다. 그는 얼마 가지 않아 그 여자 친구와의 사이를 정리했습니다.

콜린이 초등학교에 다닐 때에는 집에서 오른쪽으로 돌아 3블록을 걸어갔습니다. 그의 중학교(소년들만 다니는 학교였음)는 1블록 더 떨어져 있었습니다. 고등학교에 다니게 되었을 때 콜린은 집에서 나와 왼쪽으로 돌아 그 방향으로 몇 블록을 걸어갔습니다.

누나 마릴린은 명문 학교인 월튼고등학교에 다녔으며 거기서도 우수한 학생이었습니다. 콜린은 스터이베산트고등학교에 지원했습니다. 그러나 진학 상담 교사가 그의 생활 기록부에 "나는 그 지원에 반대한다."라고 썼습니다. 그래서 그는 그 학교에 들어갈 수 없었습니다. 콜린은 아직도 그 생활 기록부를 가지고 있습니다.

그래서 콜린은 사우스 브롱크스에 있는 모리스고등학교에 들어갔습니다. 그의 누나와는 달리 그는 아직도 자기가 잘하는 것과 좋아하는 것을 찾지 못했습니다. 그는 그저 평범한 학생이었으며 학교 성적도 보통이었습니다.

콜린은 음악에도 소질이 없었습니다. 그러나 자주 가족들이 함께 모여 연주하는 칼립소(트리니다드 섬 원주민이 노래하는 민요풍의 재즈) 음악을 듣기를 좋아했습니다. 또 콜린은 운동은 잘하지 못했지만 동네 아이들과 함께 하는 게임은 좋아했습니다. 그리고 그는 우수한 학생은 아니었지만 가족들로부터 사랑을 받는 행복한 소년이었습니다.

그는 부모님이 자기와 누나를 키우기 위해 열심히 일하신다는 것을 알았습니다. 그리고 또한 부모님이 "뭔가 뛰어난 사람"이 되기를 기대하고 있다는 것도 알았습니다.

그래서 그는 무엇보다도 부모님을 기쁘게 해 드리고, 또 자부심을 느끼게 해 드리고 싶었습니다. 그리고 그러기 위해서 어떻게 해야하는지는 몰랐지만 반드시 그렇게 해야만 하겠다고 결심했습니다.

콜린 파월

책임을 지다

콜린이 고등학교에 다니던 어느 해 여름, 그는 교회 캠프에 참석하도록 선발되었습니다. 그리고 그 캠프에서 새로운 친구들을 사귀게 되었습니다. 그러나 그 친구들은 콜린에게 좋은 영향을 주지 못했습니다. 그와 그의 새로운 친구들은 캠프에서 몰래 빠져 나와 맥주를 샀습니다. 그리곤 맥주를 변기통 물받이에 넣어 차게 식힌 다음 몰래 숨겨 두었습니다.

그리고 그들은 비밀이 안전하게 지켜질 것이라고 생각했습니다. 누가 그것을 알겠습니까?

그러나 그 비밀을 안 사람이 있었습니다. 캠프 관리자들이 그것을 발견했습니다. 그러나 그들은 그것이 누구의 짓인지는 알지 못했습니다.

캠프 총무로 봉사하던 사제가 모든 학생을 불러모았습니다. 그는 학생들을 꾸짖거나 비난하지 않았습니다. 다만 그는 무엇이 발견되었는지를 설명했습니다. 그리고 그는 그 잘못된 행동에 대해 누가 책임질 것이며, 누가 남자답게 자백할 것인가에 대해 물었습니다.

사제의 조용한 접근 방법이 콜린의 양심을 자극했습니다. 콜린은 일어서서 "신부님, 제가 그 일을 했습니다."라고 고백했습니다. 두 명의 공범자들이 콜린의 말을 듣고 다음에 일어서서 자백했습니다. 그들은 별다른 벌은 받지 않았지만 그 대신에 정직할 수 있었습니다.

캠프 교사들은 그들을 집으로 돌려보내고, 부모님들과 상담했습니다. 기차를 타고 집으로 오는 동안에 콜린은 지기가 한 일 때문에 부모님의 얼굴을 대하기가 걱정스러웠습니다. 콜린의 행동은 부모님을 당혹스럽게 만들었을 것입니다.

교회 캠프에서 쫓겨난 것은 야구에서 삼진 아웃을 당하는 것보다 피아노나 플루트를 배우는데 실패한 것보다 더 나쁜 일이었습니다. 그리고 그것은 학교에서 열등반으로 쫓겨간 것보다 더 나쁜 일이었습니다.

콜린은 천천히 집으로 걸어갔습니다. 그의 어머니가 찌푸

 콜린 파월

린 얼굴로 그를 맞이했습니다. 어머니가 그에게 꾸중을 한 후에 아버지의 차례가 되었습니다. 콜린은 그것을 두려워했습니다. 그는 아버지를 실망시키는 일을 했다는 사실 자체가 싫었습니다.

그러나 아버지가 꾸중을 하는 동안에 전화 벨이 울렸습니다. 전화를 건 사람은 위덴 신부였는데, 그는 성 마가레트 감독교회의 사제로서 콜린을 선발하여 캠프에 참가시킨 사람이었습니다. 그는 콜린의 부모님이 캠프에서 있었던 모든 일에 대해 다 알기를 원했습니다. 위덴 신부는 "콜린이 한 행동은 나빴습니다. 그러나 콜린은 일어서서 책임을 졌습니다."라고 말했습니다.

그 한 통의 전화가 가족의 수치를 자랑으로 바꾸어 놓았습니다. 그리고 콜린은 정직과 자기 행동에 대해 책임을 지는 것의 중요성에 대해 강력한 교훈을 배웠습니다.

콜린이 14살 되던 해, 어느 날 오후 그는 어머니를 위하여 몇 통의 편지를 부치기 위해 우체국에 갔습니다. 가는 길에 그는 어린이 용품 가게인 식서(Sickser) 씨의 가게를 지나치게 되었습니다.

가게 주인인 식서 씨가 콜린을 불러 돈을 벌고 싶지 않느냐고 물었습니다. 그것은 콜린에게 듣기 좋은 소리였습니다.

그래서 그는 주인을 따라 가게 뒤편에 있는 창고로 갔습니다. 그리고 크리스마스 상품으로 가득 찬 트럭에서 짐을 내리기 시작했습니다.

식서 씨가 점검을 하기 위해 되돌아왔을 때 콜린은 그 일을 거의 다 해 놓았습니다. 식서 씨는 "아주 훌륭한 일꾼이구나!" 라고 칭찬했습니다. 그는 콜린에게 방과 후와 토요일에 일자리를 제공해 주었습니다. 콜린은 고등학교 시절 내내 그리고 대학교 1학년 때까지 계속해서 식서 씨의 가게에서 일을 했습니다.

그는 트럭에서 짐을 내리고, 구유 속의 아기 예수님상과 유모차를 조립했습니다. 매년 12월마다 장난감을 조립하고 상품들을 전시했습니다. 그 일을 한 대가로 콜린은 한 시간에 50센트 내지 75센트를 벌었습니다.

식서 씨와 그의 고객들은 유대인들로서 이디시 말(독일어와 히브리어의 혼성 언어로 중부 유럽 여러 나라와 미국의 유대인들이 사용함)을 사용했습니다. 거기서 일하는 동안에 콜린은 그 언어를 약간씩 이해하고 말할 수 있게 되었습니다. 그리고 그것은 콜린과 식서 씨에게 많은 도움이 되었습니다.

때때로 식서 씨는 콜린에게 이층으로 손님을 모시고 가서

 콜린 파월

더 좋은 물건들을 보여 주라고 말했습니다. 고객들은 유모차와 가구들을 살펴보고는 흑인 젊은이가 그들이 말하는 것을 이해하지 못할 것이라 생각하고, 이디시 말을 사용하여 어떤 상품이 좋은지, 가격을 얼마나 지불할 것인지에 대해서 대화를 나누었습니다.

콜린은 자기가 엿들은 말을 식서 씨에게 전해 주었습니다. 그러면 그는 이층으로 올라와서 그 정보를 이용하여 상품을 판매했습니다.

콜린이 돈을 번 또다른 방법은 집 근처에 있는 정통 유대인 회당에서 불을 켰다가 꺼 주는 일이었습니다. 매주 금요일마다 그는 그 일을 해 주고 15센트를 벌었습니다.

콜린은 고등학교에서 육상 운동팀을 만들었습니다. 그는 그 일을 곧잘 했습니다. 그러나 훈련이 지루했기 때문에 한 시즌이 지난 후에 그 팀을 떠났습니다.

그리고 그의 교회팀을 위해서 농구도 했습니다. 콜린은 키도 크고 빨랐습니다. 코치는 그가 훌륭한 선수가 되리라고 생각했습니다.

그러나 그와 코치는 곧 그렇지 않다는 사실을 발견하게 되었습니다. 콜린은 벤치에 앉아 있기를 싫어했습니다. 그래서 그것도 그만두었습니다.

콜린이 좋아한 것들 중의 한 가지는 친구들과 함께 거리를 쏘다니는 것으로 켈리 거리를 활보하는 것이었습니다. 토요일 오전에 친구들과 함께 극장에 가서 15센트를 내고 동시 상영 영화를 구경했습니다.

바나나 켈리의 모든 청소년은 오늘날의 청소년들이 차를 갖고 싶어하는 것처럼 자전거를 갖고 싶어했습니다. 콜린의 첫 번째 자전거는 26인치짜리 공기 타이어가 달린 콜롬비아 레이서였습니다. 그것은 청소년들이 가질 수 있는 최고의 자전거들 중의 하나였습니다. 콜린의 아버지 루터 파월은 자기 자식들에게 최고의 것을 사주고 싶어했습니다.

콜린은 어디든지 그 자전거를 타고 다녔습니다. 그와 그의 친구 지니 노만은 서로 바꾸어 타기를 좋아했습니다. 콜린과 친구들은 그들의 자전거를 타고 거의 모든 곳을 갈 수 있었습니다. 그러나 자전거를 타고 갈 수 없는 곳에는 지하철이나 전차를 타고 다녔습니다.

어느 주말에 콜린과 지니는 전차를 타고 조지 워싱턴 다리에 갔습니다. 그들은 걸어서 다리를 건너 뉴저지로 들어가 숲에서 밤을 보내기도 했습니다.

1952년에 콜린의 누나 마릴린은 대학에서 집으로 전화해 부모님에게 놈 번스(Norm Berns)라는 젊은이와 사랑에 빠

 콜린 파월

졌다고 말했습니다. 그리고 그 두 사람은 결혼하기를 원했습니다. 그래서 마릴린은 그를 집으로 데려와 부모님을 만날 수 있도록 해 달라고 요청했습니다.

그녀는 부모님에게 번스가 백인이라는 사실도 말했습니다. 다른 인종과의 결혼이 루터 파월을 염려하게 만들었고, 그와 같은 부부가 많은 어려움에 부딪히게 될 것이라는 사실을 알고 있었습니다. 하지만 루터는 마릴린의 남자 친구를 좋아했습니다. 번스는 분명히 마릴린을 무척 사랑하고 있었습니다. 그러나 루터는 결정을 하기 전에 적어도 1년은 기다려야 한다고 고집했습니다.

그러다가 루터 가족은 사우스 브롱크스에서 400마일 떨어진 뉴욕 버팔로에 있는 번스의 가족들을 만나기 위해 여행을 했습니다. 콜린에게는 마치 서부 광야로 가는 것 같이 너무나도 신나는 모험이었습니다! 그는 이전에 결코 헌트스 포인트에서 그토록 멀리 떠나 본 적이 없었습니다.

그 방문은 매우 성공적이었습니다. 번스 가족은 마릴린을 사랑하고 좋아하는 것 같았습니다. 루터 파월 가족은 번스 가족이 훌륭한 사람들이라고 생각했습니다.

1953년 8월에 마릴린은 놈 번스와 결혼했습니다. 결혼 피로연은 브롱크스에서 가장 큰 호텔인 콩코스 플라자호텔에서 거행되었습니다. 이것은 루터 파월의 외동딸의 결혼으로 그는 아무것도 바랄 것이 없었으며, 다만 최선을 다했을 뿐이었습니다.

마릴린은 1952년에 버팔로주립교육대학을 졸업했습니다. 그리고 남부 캘리포니아에서 2개국어를 사용하는 교사가 되었습니다.

그녀와 번스가 결혼한 지 거의 50년이 되었습니다. 그들에게는 두 명의 딸과 한 명의 외손녀가 있습니다.

1954년 2월에 콜린 파월은 모리스고등학교를 졸업했습니다. 월반(학력의 정도가 월등하여 학년 차례를 건너 뛰어 상급반으로 오름) 제도의 결과로 그는 17번째 생일이 되기 전에 졸업을 하게 되었습니다. 그의 고등학교 성적은 평균 78.3으로 C학점에 해당되었습니다. 콜린은 누나처럼 장학생도 아니었고, 대학에 가야할지 확신도 서지 않았습니다.

소속감

콜린은 한 가지 이유로 대학에 갔습니다. 그의 부모님 루터와 아리가 원했기 때문입니다. 그는 뉴욕대학교와 뉴욕시립대학에 지원을 했습니다. 그는 고등학교 점수에도 불구하고 두 학교 모두 합격을 했습니다. 그 두 학교 중에서 한 학교를 선택하는 것은 쉬운 일이었습니다. 사립대학인 뉴욕대학교는 1년 학비가 750달러였으며 뉴욕시립대학은 10달러였습니다. 그래서 콜린은 뉴욕시립대학으로 갔습니다.

1954년 2월에 콜린은 비록 16세에 지나지 않았지만 대학생활을 시작했습니다. 어느 추운 겨울 아침에 그는 버스를 타고 뉴욕시립대학으로 갔습니다. 거기서 그는 학교 건물을 둘러보고 압도당하는 느낌을 받았습니다.

"헤이, 젊은이! 신입생인가?" 친절한 음성이 들려왔습니다. 베이걸(도넛형의 딱딱한 롤 빵)맨 - 비록 그가 프레철(일종의 비스켓)을 팔았을지라도 그렇게 불려졌음 - 인 레이몬드가 콜린의 첫 번째 대학 친구가 되었습니다. 레이몬드는 뉴욕시립대학의 터줏대감으로서 김이 모락모락 나는 따뜻한 수레 뒤에서 프레철을 팔고 있었습니다. 그 다음 4년 반 동안에 콜린은 셀 수도 없을 만큼 많은 프레철을 사면서 레이몬드와 잡담을 나누었습니다.

콜린이 첫 수업을 받기 위해 캠퍼스를 걸어갔을 때, 우연히 ROTC(학생 군사 훈련단) 훈련장을 지나치게 되었습니다. 그러나 콜린은 거의 주목하지 않았습니다. 그는 그 건물이 결국 그의 대학 생활의 중심이 될 것이라는 사실을 결코 알지 못했습니다.

콜린의 첫 번째 전공 과목은 공학이었습니다. 그가 수학이나 과학을 잘해서가 아니라 그의 어머니가 그것이 최선의 선택이라고 믿었기 때문이었습니다. 아리 파월에 따르면 - 그녀는 아들의 장래를 위해서 많은 친척들과 대화를 나눴음 - 공학은 "돈이 되는" 과목이었습니다. 콜린은 공학을 전공하여 한 학기 동안은 그럭저럭 잘해 나갔습니다. 그 다음 여름에 기초 공학 과정을 시작하게 되었을 때, 그는 전공을 지질학으로 바꾸기로 결심했습니다.

첫 학기 동안에 콜린은 유니폼을 입고 캠퍼스를 활보하는 학생들에게 호기심을 느꼈습니다. 1954년 가을에 그는 ROTC에 입대했습니다. 그는 줄을 서서 올리브색 바지와 재킷과 브라운색 셔츠와 넥타이와 구두와 놋쇠로 만든 버클이 달린 벨트와 모자를 지급 받았습니다. 콜린은 그 유니폼을 입고 거울에 비추어 보았습니다. 거울에 비친 자기의 모습이 좋아 보였습니다.

ROTC는 콜린에게 소속감과 난생 처음으로 형제애를 느끼게 했습니다. 훈련, 조직, 동지애 등은 모두 콜린이 바라던 것이었습니다. 그리고 그것은 그로 하여금 남들과는 다르다는 느낌을 주었는데, 이전에는 결코 느껴 본 적이 없는 것이었습니다.

그는 다른 과목들도 그럭저럭 해냈습니다. 특히 지질학 수업도 좋아했습니다. 그러나 ROTC를 가장 좋아했습니다. 마침내 그가 진실로 원하던 것을 발견한 것이었습니다.

캠퍼스 내에서 ROTC는 세 부대로 나누어져 있었습니다. 즉 웹 패트롤, 스캐버드 앤 블레이드, 퍼싱 라이플스였습니다. 콜린은 퍼싱 라이플스에 들어갔습니다. 왜냐하면 그들은 세 부대들 중에서 가장 우수했기 때문입니다. 퍼싱 라이플스 생도들은 푸른색과 흰색의 어깨 끈을 달고 유니폼에는 에나멜 장식 털을 달았습니다. 콜린은 그런 유니폼과 군대의 상징물들을 좋아했습니다.

퍼싱 라이플의 흑인 멤버 한 사람이 콜린의 눈에 들어왔습니다. 그는 생도들 중의 지휘자였습니다. 그의 이름은 로니 브룩스였으며, 콜린의 멘토(현명하고 성실한 조언자)가 되었습니다. 로니는 부사관이 되었습니다. 그래서 콜린도 부사관이 되었습니다. 콜린은 로니의 발자취를 따라 대대장, 훈련교관 그리고 연대장 생도가 되었습니다.

콜린 파월은 토요일마다 퍼싱 라이플스 훈련팀과 함께 보냈습니다. 그는 M-1 소총을 다루는 법과 사열(군대 장병을 정렬시키거나 행진시키어 그 사기나 장비를 살펴보는 것)하는 법을 배웠습니다. 그는 소총 돌리기와 특별한 형태의 행진을 해내기 위해 열심히 노력했습니다.

퍼싱 라이플스 훈련팀은 뉴욕 지역 다른 대학의 ROTC 훈련팀들과 경쟁을 했습니다. 그 경쟁은 두 가지 분야에서 이루어졌는데, 정규 훈련과 묘기 훈련이었습니다. 로니는 정규 훈련팀을 지도했고, 콜린은 묘기 훈련팀을 책임졌습니다.

콜린이 3학년이었을 때, 로니의 팀은 500점 만점에 460점을 받았습니다. 콜린은 18명으로 이루어진 팀을 체육관으로 데리고 나갔습니다. 그리고 그들은 구두를 닦아 얼굴이 비칠 정도로 광을 냈습니다.

팀이 기동 작전을 할 때에는 훈련 팀장이 시간을 체크했습니다. 그래서 콜린이 그의 팀의 시간을 재기 위해 낙타 걸음이라 불리는 스텝으로 마치 춤을 추듯이 걸어갔을 때, 군중들은 그 광경을 재미있게 지켜보았습니다. 그의 묘기 훈련팀은 500점 만점에 492점을 받아 퍼싱 라이플스 팀이 1등을 했습니다.

다음해 여름 4학년이 되기 직전에 콜린은 ROTC 여름 훈련을 받기 위해 북 캘리포니아의 브래그 기지에 갔습니다. 거기서 그와 그의 퍼싱 라이플스 동료들은 방책을 세우는 법과 81mm 박격포를 발사하는 법을 배웠습니다. 브래그 기지에서 그의 상관들이 그가 훈련 팀장으로 명성을 날린 것을 듣고는 그를 중대장으로 임명했습니다.

6주 간의 훈련 끝에 생도들은 코스 점수, 소총 사격 점수, 체력, 리더십 등에 근거해서 평가를 받았습니다. 콜린은 대리석 받침대에 두 개의 펜꽂이가 달린 트로피를 받았습니다. 받침대에는 "최고의 생도 D 중대"라고 새겨져 있었습니다. 그러나 "최고의 생도"는 다른 학생이 차지했습니다. 콜린은 2등을 했던 것입니다.

콜린은 어떤 부사관이 마음을 심란하게 만드는 말을 하기 전까지는 자기가 성취한 일에 대해 감격하고 있었습니다. 그 부사관은 "자네가 최고의 생도가 되지 못한 이유를 알고 싶은가?"라고 물었습니다. 그리고는 "남부 출신 ROTC 교관들이 니그로(Negro; 흑인)가 '최고의 생도'가 되어서는 안 된다고 말했어!"라고 덧붙였습니다.

콜린은 그 부사관의 말이 진실이라고 믿고 싶지 않았습니다. 그는 2명의 백인 부사관들과 함께 북 캘리포니아에서 집으로 돌아갔는데, 가는 길은 먼 길이었습니다. 그런데 휴식을 취하기 위해 멈추어 서는 곳마다 3개의 휴게실이 있었습니다. 즉 남자, 여자 그리고 유색인종 휴게실이었습니다. 그의 친구들은 남자 휴게실을 사용했지만 콜린은 유색인종 휴게실을 사용해야만 했습니다. 그들이 메릴랜드주 볼티모어에 도착할 때까지 마음이 편치 않았습니다.

그러나 그는 부모님에게 보여 주기 위해 그 트로피를 집으로 가지고 왔습니다. "최고의 생도 D 중대"라는 말이 새겨진 트로피였습니다. 그것은 그가 선택한 분야에서 매우 뛰어

났다는 증거였습니다. 그리고 그는 자기 자신에게 한 가지 일에 뛰어나다는 사실을 증명했는데, 그것은 그가 훌륭한 리더라는 것이었습니다.

나중에 콜린은 펜타곤(Pentagon; 미국 국방성이 있는 건물)의 그의 사무실 책상에 그 트로피를 조심스럽게 갖다 놓았습니다. 4성 장군이 된 합참의장이 되어서도 그는 젊은 날의 영광을 자랑스럽게 생각했습니다.

콜린은 대학 생활을 시작했을 때에도 여전히 식서 씨의 어린이 용품점에서 일했습니다. 그러나 그 다음 여름에 그에게는 더 나은 수입의 직업이 필요했습니다. 그래서 그는 캐비닛에 경첩을 다는 가구 공장에서의 일자리와 펩시콜라의 병 만드는 공장에 잡역부로 일자리를 얻었습니다. 일하러 간 첫날에 어떤 사람이 그에게 자루 걸레를 건네줄 때까지 그는 잡역부가 무슨 일을 하는지 알지 못했습니다.

1주일에 65달러를 벌기 위해서는 걸레질을 해야만 했습니다. 그는 곧 앞뒤로 걸레질을 하면 허리가 아프다는 것을 알았습니다. 그래서 그는 옆으로 걸레질을 했습니다. 그리고 콜린은 이왕 걸레질을 할 바에는 열심히 해 보기로 작정했습니다. 그는 바닥에 빛이 나도록 걸레질을 했는데 그것은 어려운 일이었습니다. 특히 지게차에서 50상자의 펩시콜라를 내려놓는 날은 더욱 그러했습니다. 콜린은 끈적하고 불결한 것을 닦아내야만 했습니다.

콜린은 바닥을 닦는 모든 잡역부가 흑인이라는 사실을 알아차렸습니다. 병 만드는 기계의 일꾼들은 모두 백인들이었고, 백인 고용주들은 더 많은 돈을 벌었습니다.

여름이 끝났을 때, 작업 반장이 콜린을 찾아와 "젊은이 걸레질을 잘하는구먼!" 이라고 말했습니다.

그러자 "배울 수 있는 기회를 주셔서 감사합니다." 라고 콜린은 대답했습니다.

작업 반장은 다음 여름에도 일자리를 주겠다고 말했습니다. 그러나 콜린은 "걸레질은 싫습니다!" 라고 대답했습니다. 그 다음 여름에 콜린은 병 만드는 기계에서 일하게 되었으며, 곧 임시 반장이 되었습니다.

콜린은 귀중한 교훈을 배웠는데 그것은 "항상 최선을 다하라!"는 것이었습니다. 분명 누군가 지켜보고 있을 것입니다.

콜린이 대학에 다닐 때, 그의 이웃들은 변해 가고 있었습니다. 콜린이 집에 올 때마다 상황이 더욱 나빠졌습니다. 갱들의 싸움은 갱들의 전쟁으로 변했습니다. 마리화나(마약의 일종)를 피우던 아이들은 이제 헤로인(모르핀으로 만든 마약의 일종)을 복용했습니다. 한번은 그가 집에 왔을 때 그가 잘 아

 콜린 파월

는 사람이 마약 과다 복용으로 죽은 것을 발견했습니다.

가족 회의에서 그의 친척들은 언제 헌트스 포인트에서 이사가야 할 지에 대해 대화를 나누었습니다. 그의 친척들은 한 사람씩 그 곳을 떠났습니다. 라우리스 이모, 콜린의 할머니, 배드스 아주머니 등은 브롱크스 북부로 이사를 갔습니다. 도트 이모는 뉴욕의 다른 구역인 퀸스로 이사를 갔습니다. 매주일 마다 교회에 갔다온 후, 루터와 아리 파월은 브롱크스 북부와 퀸스에 집을 보러 다녔습니다.

1956년에 콜린 가족은 퀸스에 집을 샀습니다. 그 곳은 백인들은 가고, 흑인들은 오는 과도기였습니다. 그들은 마지막으로 이사를 간 백인들 중 한 명으로부터 집을 샀습니다.

이제 콜린은 헌트스 포인트 대신에 퀸스에서 지하철을 타고 학교에 다니게 되었습니다.

콜린이 3학년 때, 앤터니(토니) 마브루디스가 퍼싱 라이플스에 들어와 가장 친한 친구들 중의 한 명이 되었습니다. 토니는 그리스계 미국인이었습니다. 그도 역시 퀸스에서 다녔으며, 자동차 수리공 아르바이트로 일했습니다. 그와 콜린은 형제처럼 가까워졌습니다. 그들은 같이 등교하고, 만나고, 훈련받고, 공부하며 모든 일을 함께 했습니다.

대학교 4학년 때, 콜린은 1,000명의 생도들로 이루어진 뉴욕시립대학 ROTC 연대의 연대장 생도로 임명되었습니다. 그리고 퍼싱 라이플스의 중대장도 겸임했습니다.

대학 생활이 끝났을 때, 콜린은 우수한 학사장교 졸업생이 되었고 이런 이유로 그는 예비 장교가 아니라 정규 장교로 임관되었습니다. 그는 2년이 아니라 3년 동안 군대에 복무하게 되었습니다.

1958년 6월 9일에 콜린은 새로운 제복을 입고 조국 군대의 장교로 임명되었습니다. 콜린이 동급생들 앞에서 선서를 할 때, 루터와 아리 파월이 지켜보았습니다 :

"나 콜린 파월은 국내외의 모든 적으로부터 조국을 지키고, 장교로서의 임무를 성실히 수행할 것을 엄숙히 선서하며, 하나님께서 나를 도와주시기를 기도합니다."

다음날, 콜린에게는 덜 중요했으나 그의 어머니에게는 더욱 중요한 의식을 통해 콜린은 대학을 졸업했습니다. 그는 자기 인생에 있어서 또 하나의 주춧돌을 놓았던 것입니다. 그리고 이때에는 자기가 그 다음에 무슨 일을 해야 할 지에 대해 잘 알고 있었습니다.

기본 훈련

콜린이 대학에 다니는 동안 세상은 변했습니다. 1954년 그가 뉴욕시립대학 1학년 때 3가지 중요한 사건들이 발생했습니다. 그 사건들은 미국에 엄청난 영향을 주었습니다.

첫째, 미국은 히로시마에 투하했던 것보다 600배나 더 강력한 수소 폭탄을 개발했습니다.

둘째, 프랑스가 베트남이라는 작고 별로 알려진 것이 없는 나라에서 공산주의자들과의 전투에서 패배했습니다.

셋째, 미국 대법원은 **브라운판 교육위원회**라고 불리는 판례로 공립학교에서 백인 학생들과 흑인 학생들을 분리시키지 말라고 명령했습니다.

약 1년 후, 베트남 전쟁은 더욱 확대되기 시작했습니다. 25만 명의 사람들이 북 베트남에서 남 베트남으로 넘어왔습니다. 그래서 피난민들의 수가 50만 명에 이르게 되었습니다.

그 다음해인 1956년에 앨라배마주 몽고메리에서 로사 파크스라는 흑인 여성이 버스 뒷좌석에 앉기를 거부하다가 체포되었습니다. 또한 마틴 루터 킹 박사라는 젊은 설교자가 비폭력 저항 운동으로 투옥되었습니다. 1957년 가을에는 콜린이 학교로 되돌아갔을 때 9명의 흑인 학생들을 아칸소주 리틀록에 있는 센트럴고등학교에 등교하는 것을 군대가 호위해 주었습니다.

그러나 콜린에게는 만사가 형통했습니다. 그는 자기가 무엇을 원하는지를 결정했습니다. 그는 ROTC에서 명성을 얻었습니다. 그것은 그의 대학 경력 중에서 가장 자랑스러운 부분이었습니다. 세계적으로 진행되는 전쟁은 마치 다른 세상에서 일어나는 일 같았습니다. 그러나 그것은 곧 콜린 파월의 인생에 영향을 주기 시작했습니다.

콜린이 대학을 마치고 남부 조지아주 베닝 기지로 향하는 그레이하운드 버스를 탔을 때, 아버지 루터 파월은 염려가 되었습니다. 그의 외아들이 데모가 심하고 사회가 통제되지 않는 남부에서 보병 훈련을 받으러 떠나는 것이었습니다. 그는 그 곳이 자기의 유일한 아들을 보내기에는 위험한 장소라고 생각했습니다.

콜린의 ROTC 연대장인 브루크하트까지도 콜린을 따로 불러 각별히 조심하라고 일러주었습니다. 그는 콜린에게 남부는 지금까지 콜린이 살아온 곳과는 전혀 다른 세상이라고 말해 주었습니다. 서로 다른 이해 관계에서는 반드시 타협하고, 자기가 바꿀 수 없는 일은 받아들이며, 그리고 무엇보다 돌출 행동을 하지 말라고 부탁했습니다.

인종 차별은 콜린에게 비교적 새로운 것이었습니다. 그리고 이제 막 그의 앞에서 그의 세계가 열리고 있는 중이었습니다. 그는 한 가지 목표에 초점을 맞추고 조지아주로 향했고 최고의 군인이 되기로 결심했습니다.

콜린은 1958년 6월 어느 화창한 날에 공식적으로 군대 생활을 시작했습니다. 그는 중위로 임명되었습니다. 그리고 베닝 기지 보병학교에 소집되어 기본적인 훈련을 받기 시작했습니다. 그 곳에는 소총을 높이 들고 전투를 지휘하는 보병의 동상이 서 있었습니다.

기본 훈련에는 학과 수업과 무기 훈련이 포함되어져 있었는데 더욱 도전적인 것은 야전 훈련이었습니다. 콜린은 밤에 나침반만 들고 8km 정도 걸어가 허허벌판에 서 있는 말뚝을 찾아가야만 했습니다.

　기본 훈련이 끝났을 때, 콜린과 그의 동료들은 자신들의 할 일이 마치 동상에 묘사된 군인과 같이 전투에 나가서 용기와 확신과 희생 정신을 보여 주는 것이라는 사실을 배웠습니다. 나중에 콜린은 젊은 장교들에게 처음 8주 간 동안 기본 훈련을 받았을 때, 군대 생활에 필요한 대부분의 것들을 배웠다고 말했습니다.

　콜린은 10등 이내로 기본 훈련을 끝마쳤습니다. 그리고 나서 그는 2개월 간 특공 훈련을 받았습니다. 여기에는 "슬라이드 포 라이프"(Slide for Life; 일명 하강 훈련) 라고 불리는 훈련도 포함되어져 있었습니다.

　특공 훈련병들은 도르래가 달린 나무에 기어올라갔습니다. 그 도르래는 강 건너편에 있는 나무에 묶어 놓은 로프를 따라 굴러 내려갔습니다. 훈련병들이 도르래에 달린 손잡이를 움켜잡으면 교관이 그들을 밀었습니다. 그러면 그들은 매우 빠른 속도로 이편에서 저편으로 미끄러져 내려갔습니다.

　어려운 것은 교관이 "하강!" 이라고 외칠 때까지 로프에 매달려 있는 것이었습니다. 이것은 보기보다 쉽지 않은 일이었습니다. 건너편 나무가 그들을 향해 달려들었습니다.

　콜린은 악어와 방울뱀을 먹으면서 플로리다 늪지대에서 2

주 간을 보냈습니다. 그리고 나서 북 조지아주로 이동하여 절벽을 기어오르고, 어두운 밤에 허리까지 차 오르는 물 속에서 행군하는 법을 배웠습니다. 콜린과 다른 훈련병들은 땅바닥에서 잤습니다. 그들은 오스트레일리아식 현수 하강(Rappel)을 마스터했는데, 그것은 로프를 타고 거꾸로 절벽을 내려오는 것이었습니다.

특공 훈련을 끝마친 후, 콜린은 공수 훈련을 받았습니다. 첫주에 그는 수 미터 공중에서 땅으로 뛰어내렸습니다. 둘째 주에는 낙하산을 이용하여 76m 훈련 탑에서 뛰어내렸습니다. 셋째 주에는 실제적으로 공수 낙하를 할 준비를 했습니다. 콜린과 그의 동료 훈련병들은 비행기가 정해진 높이에 도달했을 때, 비행기 문 앞에 섰습니다. 얼굴에 바람이 스치는 것을 느끼며 뛰어내렸습니다. 이틀만에 다섯 번을 뛰어내렸습니다.

부대 기지에서, 늪에서, 훈련 캠프에서, 콜린은 최고의 훈련병들 중 한 사람이었습니다. 그러나 부대를 떠날 때마다 아버지가 경고한 인종차별주의와 대면하게 되었습니다. 부대 밖에서 그는 2류 시민 취급을 당했습니다. 그는 상점에 가서 물건을 살 수는 있었습니다. 그러나 식당이나 남자 휴게실은 사용할 수 없었습니다.

교회에 참석하는 것도 문제였습니다. 가장 가까운 흑인 교회는 침례교회였는데, 부대와 멀리 떨어져 있었습니다. 군대는 콜린에게 트럭과 운전병을 제공하여 그를 그 곳에 데려다 주었습니다.

수주 간이 지난 후에야 백인 상병이었던 운전병이 콜린에게 말을 걸었습니다. 그는 콜린을 교회에 데려다 주는 것이 기쁘다고 말했습니다. 그러나 그것은 그 자신이 교회에 함께 가지 못한다는 것을 의미했습니다. 그가 콜린과 함께 흑인교회에 참석한다는 것은 불가능한 일이었습니다.

콜린은 운전병과 예배를 드리는 것도 괜찮다고 생각했습니다. 그러나 흑인 침례교 목사는 달리 생각했습니다. 그는 백인 병사가 흑인 교회에 참석하면 그 지역의 백인들과 문제가 생길 것을 두려워했습니다. 그래서 백인 상병은 트럭에서 기다렸습니다.

인종차별주의의 부당성은 콜린의 어깨를 무겁게 했습니다. 그러나 그가 최우선적으로 해야 할 일은 군대에서 최선을 다하는 것이었습니다. 화를 내는 것은 그의 군대 경력을 손상시킬 수 있었습니다. 그러나 그는 자기가 누구보다 열등하지 않다는 사실도 알고 있었습니다. 그 누구도 그런 식으로 느끼게 만드는 것을 거부했습니다. 그는 부대 밖에서 생기는 일

 콜린 파월

때문에 부대 안에서 최선을 다하지 못해선 안 된다고 결심했습니다. 그리고 그것을 실제로 보여 주었습니다!

콜린은 기본 훈련, 특공 훈련, 공수 훈련을 마친 다음 휴가차 집으로 돌아와 가족들을 만나고 그의 여자 친구와 시간을 보냈습니다. 그 후에 그는 서독(현재의 독일)에 있는 제3기갑사단으로 가라는 명령을 받았습니다. 겔하우젠은 소련 점령지로부터 69km 떨어져 있었습니다.

미국과 소련 사이의 냉전은 극에 달했습니다. 콜린과 다른 미군들은 언제 소련이 공격해 올지도 모르는 펄다 갭(Fulda Gap)을 방어하라는 임무를 부여 받았습니다. 콜린은 40명을 책임지는 소대장이었습니다.

그리고 그가 할 일은 무슨 일이 일어나든지 간에 자기 위치를 지키고, 부하들을 돌보는 것이었습니다. 그런데 부하들 중에서 어떤 사람들은 그와 동갑이고, 어떤 사람들은 그보다 나이가 많았습니다.

콜린은 서독에 있는 동안 몇 번 특별한 임무를 부여 받기도 했습니다. 한번은 3명의 독일 민간인들을 죽인 혐의로 재판을 받는 3명의 군대 트럭 운전사들을 기소하는 일을 맡기도

했습니다. 그 트럭 운전사들은 5톤짜리 트럭들을 몰고 가다가 그 중의 한 대가 미끄러져 다른 차와 충돌했습니다.

군대는 그들을 변호하기 위해 전문 변호사를 고용했습니다. 콜린은 젊은 보병 중위에 지나지 않았습니다. 그러나 그는 그 사건과 관련된 모든 것을 알고, 그와 관련된 법률을 연구했습니다. 그리고는 설득력 있는 주장을 폈습니다. 그 결과 두 명의 피고인에 대하여 유죄 판결을 받아냈습니다.

콜린은 독일에 있는 동안에 다른 책임들도 성공적으로 완수했습니다. 그는 사격팀을 이끌라는 명령을 받아 우승을 시키기도 했고 여단 본부에서 부관으로 재직하기도 했으며, 그는 2개월 동안 고관들을 경호하기도 했습니다.

1959년 7월 20일에 어떤 상관이 콜린 파월 중위에 대한 보고서를 썼습니다. 거기에는 다음과 같이 적혀 있었습니다. "콜린 파월은 고집이 세고 확고하나 매너가 세련되었다. 그리고 어떤 계급의 사람들도 다룰 수 있다. 군대 경력에 있어서 그의 잠재력은 무한하다."

그 당시 콜린은 겨우 22살이었습니다. 그러나 콜린은 몇 번의 실수도 했습니다. 어느 날 그의 새로운 중대장이 그가 전화로 다른 중위에게 소리를 지르는 것을 엿들었습니다. 다음 번 보고서에서 그는 콜린 파월이 "성질이 급하다." 라고 썼습니다. 그것은 콜린이 뉴욕시립대학 ROTC에서 처음으로 제복을 입은 후, 그가 받은 유일한 부정적인 평가였습니다.

그의 중대장은 그에게 화를 내면 그것을 본 사람으로부터 존경심을 잃게 될 것이라고 설명해 주었습니다. 그것은 콜린으로 하여금 감정을 다스리는 것이 얼마나 중요한지를 배울 수 있게 해 주었습니다.

독일에서 임무를 수행하던 어느 날, 아침 일찍 콜린은 진짜 전쟁이 어떤 것인지를 목격하게 되었습니다. 그가 약간의 식량을 싣고 여단 사령부로 되돌아가고 있을 때, 머리 위에서 휘슬 소리가 나는 것을 들었습니다. 그는 멈추어 섰습니다. 그리고 8인치 대포의 포탄이 텐트 기둥을 치고 폭발하는 것을 목격했습니다.

콜린은 자기가 운반하던 식량을 내팽개치고 포연을 뚫고 텐트로 달려갔습니다. 12명의 병사들이 자다가 죽음을 당했고 그보다 더 많은 병사들이 부상을 당했습니다. 그들은 그 전날에 급료를 받았는데 콜린은 파편과 뒤섞여 있는 돈 조각을 목격했습니다. 그 포탄은 훈련을 하던 미군들이 발사한 것으로 그 대포를 잘못 조종한 장교들은 해임되었습니다.

1960년 12월에 콜린은 2년 간의 독일 근무 기간을 끝마쳤습니다. 비록 그가 중위에 지나지 않았지만(중대장은 대개 대위가 맡았음) 그는 이제 델타 중대의 중대장이 되었습니다. 콜린은 독일에 남아달라는 요청을 받았으나 콜린은 그 요청을 거절하고, 그 대신에 집에서 가족들과 그의 여자 친구와 시간을 보내기로 했습니다.

군대는 콜린에게 보스턴에서 48km 떨어져 있고, 뉴욕에서는 몇 시간 동안 차를 타고 가야 하는 디벤스 기지로 가라는 명령을 내렸습니다. 그의 첫 번째 임무는 연락 장교였고, 그 후에 그는 A 중대에서 행정 장교가 되었습니다. 그것은 지휘 체계상 그가 두 번째라는 의미였습니다. 그러나 얼마 후에 중대장에 재배치되었습니다. 콜린은 비록 선임 중위였다 할지라도 한번 더 중대장이 되었습니다.

그가 중대장으로 있는 동안에 콜린은 그의 중대 병력을 위해 여러 가지 경쟁 체제를 고안했습니다. 최고의 막사, 최고의 휴게실, 최고의 무기 검사 등이었습니다. 그는 ROTC에 있을 때 팀간의 경쟁이 자기에게 얼마나 큰 의미가 있었는지를 기억했습니다. 그리고 그는 병사들이 더 많은 경쟁에 참여하면 할수록 승리할 수 있는 기회가 더욱 많아진다는 사실을 알고 있었습니다. 그는 모든 부하가 승리자의 기쁨을 누리기를 원했습니다.

콜린이 A 중대를 떠났을 때, 그는 제2보병연대 제1대대의 부관이 되었습니다. 그의 새로운 일은 인사, 승진, 지시, 규율, 우편 그리고 "풍기 단속과 복지 문제"를 다루는 것이었습니다.

그 일의 일부로 콜린의 상관은 그에게 1대대에서 부인이 아기를 가진 모든 병사에게 "웰컴 베이비" 편지를 보내라고 지시했습니다. 아기를 나을 때마다 두 통의 편지를 보냈습니다. 한 통은 아기 어머니에게 보내는 것으로 그 부모들에게 축하한다는 내용이었습니다. 또다른 한 통은 아기에게 보내는 것으로서 그 아기를 부대에 초대한다는 내용이었습니다. 그리고 콜린은 아기가 태어나는 날에 그 편지들을 보냈습니다.

콜린은 그런 지시를 그리 달갑게 여기지 않았습니다. 그리고 때로는 신속하게 그 일을 처리하지 않았습니다. 그 때문에 그의 상관으로부터 질책을 받았습니다. 그러나 그가 그 일을 더욱 신속하게 처리했을 때, 아기의 어머니들과 아버지들(그의 부하들)이 크게 감사해 하고 있다는 것을 알게 되었습니다.

그 편지들은 비인격적인 군대에서 아기 아버지들이 자신의 중요성을 느끼게 해 주었습니다. 어머니들도 답장을 써서 자기들을 남편의 군대 생활에 참여할 수 있게 해 준 것을 감사한다고 말했습니다.

콜린은 그런 작은 감동이 얼마나 중요한지를 알게 되었습니다. 그리고 그 경험은 나중에 그의 경력에 크게 도움을 준 또다른 교훈을 가르쳐 주었습니다. 즉 군대는 조직이나 체계 그 이상의 것이라는 사실입니다. 그것은 한 사람의 개인으로 대접을 받을 때 감사할 줄 아는 남자와 여자들로 구성되어져 있었습니다.

콜린은 1961년 여름에도 디벤스 기지에 있었습니다. 그는 3년 동안 복무를 했습니다. 그러므로 그가 원한다면 언제든지 군대를 떠날 수가 있었습니다. 그것은 그의 부모님이 기대한 것이었습니다. 콜린이 계속해서 군대에 머물겠다고 말했을 때, 그들은 크게 놀랐습니다. 그러나 그것은 그가 원하는 전부는 아니었습니다.

가정을 시작하며

콜린이 1959년 여름에 독일에서 주둔하고 있었을 때, 휴가차 집으로 갔습니다. 그가 집을 방문하는 동안 여자 친구와 결혼에 대해 의논했습니다. 어느 날, 저녁 늦게 콜린은 그녀와의 결혼 문제에 대해 아버지와 상의했습니다.

루터의 반응은 신속하고도 단호했습니다. 그는 콜린에게 "너는 아직 결혼할 준비가 되지 않았다!" 라고 말했습니다. 또다시 16개월 동안 여자 친구를 볼 수 없다는 사실을 알면서도 콜린은 독일로 돌아갔습니다. 그가 미국으로 재배치되었을 때, 그들의 관계는 끝났습니다. 콜린은 그의 아버지가 옳았다는 사실을 깨달았습니다.

　1961년 11월 어느 날, 콜린은 디벤스 기지에 있는 독신 장교 숙소(BOQ)에 있었습니다. 한 친구가 들어와서 그에게 부탁을 했습니다.

　그의 여자 친구가 보스턴에 살고 있는데, 보스턴까지 함께 가서 그의 여자 친구 룸메이트와 데이트를 하면 어떻겠느냐는 것이었습니다. 하지만 콜린은 과거에 결코 맹목적인 데이트를 해 본 적이 없었습니다. 그는 그것이 좋은 생각인지 확신이 서지 않았습니다. 그러나 그는 친구와 함께 가기로 동의했습니다.

　그날 밤, 그가 만난 여자는 알마 존슨(Alma Johnson)이었습니다. 알마도 역시 맹목적인 데이트에 흥미가 없었습니다. 사실상 그녀는 그런 말을 한 룸메이트에 대해 화가 나 있었습니다. 그래서 알마는 일부러 옷도 이상하게 입고, 화장도 짙게 했습니다. 그러나 콜린을 보자 그녀는 갑자기 마음을 바꾸었습니다. 그녀는 자기의 방으로 되돌아가 옷을 바꾸어 입고 화장도 지웠습니다.

　콜린은 그녀와 좋은 시간을 보냈습니다. 그는 그 다음날에도 알마에게 전화를 해서 또다시 데이트를 신청했습니다. 그들은 곧 정기적으로 만나게 되었습니다.

　알마는 앨라배마주 버밍햄에서 성장했으며 고등학교 교장

선생님의 딸이었습니다. 그녀는 고등학교를 졸업한 후에 테네시주 내쉬빌에 있는 피스크대학교를 다녔습니다.

학위를 받은 후에 그녀는 라디오 진행자가 되어 "알마와 함께 점심을" 이라는 프로그램을 맡았습니다. 그녀는 청취자들에게 가사 일에 대한 정보를 제공해 주고, 음악도 들려주었습니다. 알마는 보스턴으로 가서 대학원에 다녔습니다. 콜린이 그녀를 만났을 때에 그녀는 청각 과학자였는데, 밴 자동차를 타고 다니면서 듣기 테스트를 했습니다.

크리스마스 때, 콜린은 알마를 그의 가족들에게 소개했습니다. 루터와 아리의 집 지하실에서 송년 파티를 할 때에 알마를 이모들, 삼촌들, 사촌들에게 소개 했습니다. 그리고 나서 춤추고, 웃고, 먹고, 노래하며 자메이카식으로 파티를 했습니다. 콜린의 가족들은 알마를 좋아했습니다. 그리고 결혼을 승락했습니다. 그것은 좋은 일이었습니다. 콜린이 사랑에 빠졌기 때문입니다.

1962년 8월에 18개월 동안 디벤스 기지에서 복무한 후에 콜린은 군사 고문으로 남 베트남으로 가라는 명령을 받았습니다. 그 전에 그는 5주 과정으로 남 캘리포니아주 브래그 기지로 가야만 했습니다. 그 후에 새로운 임무지로 떠나기 전에 대위로 승진하게 되어 있었습니다.

콜린은 그의 부모님에게 그 좋은 소식을 전했습니다. 그리고 나서 알마에게도 전화를 했습니다. 하지만 그녀는 그리 좋아하지 않았습니다. 그래서 그는 보스턴으로 가서 이것이 왜 좋은 기회인지를 설명해 주었습니다. 최고로 뛰어난 장교들만이 베트남에 군사 고문단으로 파견되어졌습니다. 콜린은 항상 자신이 군대에서 밝은 미래를 가진 최고의 장교들 중의 한 사람이라고 생각했습니다. 이번 지시는 그의 상관들도 그와 같이 생각하고 있다는 증거였습니다.

알마는 그들의 관계가 어떻게 될 것인지를 알고 싶어했습니다. 그래서 콜린은 그녀에게 복무 기간은 1년 정도 될 것이고 자주 편지를 해 주기를 바란다고 말했습니다.

그녀는 대답했습니다.

"나는 편지를 쓰지 않을 거예요. 그리고 단지 펜팔 친구에 지나지 않는다면 당장 끝내는 것이 좋겠어요!"

콜린은 디벤스 기지로 돌아가 생각해 보았습니다. 그는 알마를 사랑했습니다. 그의 부모님도 그녀를 좋아했습니다. 그녀는 아름답고, 지적이고, 좋은 친구였습니다. 그가 왜 기다려야만 하는지 콜린은 알 수 없었습니다.

그 다음날 아침 그는 보스턴으로 가서 알마 존슨에게 결혼하자고 말했습니다. 그러자 그녀는 좋다고 말했고, 2주 내에 결혼하기로 결정했습니다.

하지만 루터 파월은 처음에는 버밍햄에서 있을 그의 아들의 결혼식에 참석하지 않으려 했습니다. 그는 남부를 방문하는 것이 신경에 거슬렸습니다. 거기서는 2류 시민 취급을 당할 것이라고 생각했습니다.

그러나 콜린의 누나 마릴린과 그녀의 남편 노먼이 그 곳에 가기로 결정했을 때, 루터도 마음을 바꾸었습니다. 그들은 버밍햄에서 결혼식과 피로연을 열었고, 뉴욕에서도 피로연을 열었습니다.

결혼한 지 한 달 후, 콜린은 디벤스 기지에 작별을 고하고 브래그 기지로 훈련을 받으러 떠났습니다. 그의 아내와 남부를 여행한다는 것은 당혹스러운 일이었습니다. 여행 도중에 그들은 흑인들이 이용할 수 있는 휴게실을 찾기가 힘들었습니다. 그래서 어쩔수 없이 그들은 길 옆에 멈추어 서야만 했습니다.

더욱 나쁜 것은 그들이 브래그 기지 근처에서 살 집을 찾았을 때, 흑인 부부가 이용할 수 있는 집은 오랫동안 방치

되어 잡초가 무성한 곳 뿐이었다는 사실이었습니다. 부동산 중개업자가 콜린 부부를 그의 집에서 머물게 했으나 그의 집도 그들이 이미 둘러본 그 초라한 집과 별로 다를 것이 없었습니다.

콜린 파월과 알마 존슨은 슬프고도 낙심한 가운데 알마는 버밍햄에서 부모와 함께 살고, 콜린은 브래그 기지에서 머물기로 결정했습니다. 그들은 서로 떨어져서 살아야 한다는 것, 게다가 콜린이 베트남으로 가야만 한다는 것을 생각하니 가슴이 아팠습니다. 그리고 알마는 이미 첫 아이를 임신하고 있었습니다.

콜린과 알마는 그들의 마지막 밤을 오랫동안 기억에 남기기 위해 조(Joe)와 패트(Pat)와 함께 저녁식사를 했습니다. 조는 백인 장교로서 독일에서부터 콜린의 친구였습니다. 그와 패트는 세 명의 아이들을 키우고 있었는데, 브래그 기지에서 방 3개 짜리 복식아파트(상하 층의 방이 이어진 아파트)에서 살고 있었습니다.

그들이 콜린의 어려움을 알았을 때, 조는 콜린과 알마에게 함께 살자고 제안했습니다. 그래서 콜린이 브래그 기지에서 훈련을 받는 5주 동안에 그와 알마는 조의 아이들 방에서 살았습니다. 그 동안에 아이들은 아기 방에서 잠을 잤습니다. 콜린은 무척 고마웠습니다. 어떤 사람들은 백인 가정이 흑인 부부를 불러들이는 것을 보고 매우 놀랐습니다. 그러나 조와 콜린은 일생 동안 지속되는 우정을 키웠습니다.

콜린의 5주 간 훈련에는 프랑스 식민지 역사를 공부하는 것도 포함되었습니다. 베트남이 프랑스 식민지였기 때문입니다. 그리고 그는 베트남어로 말하는 것도 배웠습니다.

크리스마스 직전에 그의 훈련이 끝났을 때, 콜린과 알마는 조 가족들에게 작별을 고하고 버밍햄으로 향했습니다. 콜린이 해외에 나가 있는 동안에 알마는 그 곳에서 머물 계획이었습니다. 그녀의 부모님들과 삼촌 내외는 그들을 위하여 시외에 집을 지었습니다. 그들은 알마와 또 뱃속에 든 아기를 위해 여분의 방도 마련했습니다. 콜린은 자기가 없는 동안에 알마의 아버지가 그녀를 돌봐 줄 수 있어서 안심이 되었습니다.

콜린이 12월 23일까지 떠나라는 명령을 받았기 때문에 가족들은 그 해 크리스마스를 일찍 축하했습니다. 그들은 크리스마스 트리를 세우고, 장식도 하고, 선물도 주고받았습니다. 알마의 어머니는 이 젊은 부부에게 카세트 레코드를 사 주어 서로 떨어져 있는 동안에 오디오 테이프를 주고받을 수 있게 해 주었습니다.

크리스마스 이틀 전, 콜린은 그의 임신한 아내에게 작별을
고하고 혼자서 공항으로 갔습니다. 그리고 그는 1962년 크리
스마스에 남 베트남의 수도 사이공에 도착했습니다.

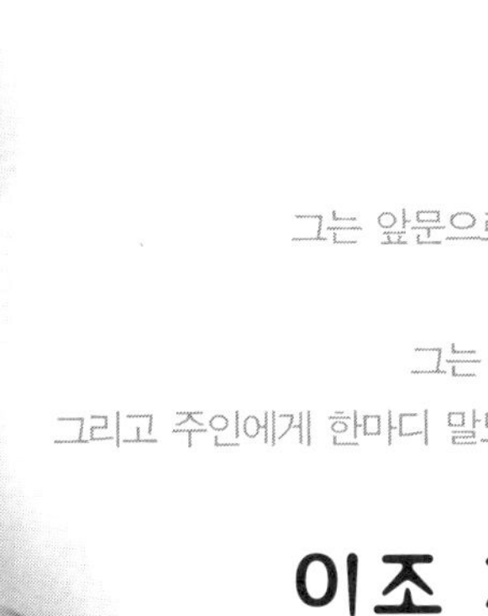

그는 앞문으로 걸어 들어가 가까운 테이블에 앉아
햄버거를 주문했습니다.
그는 레스토랑에 앉아 그것을 먹었습니다.
그리고 주인에게 한마디 말도 하지 않고 조용히 걸어나왔습니다.

인종 차별에 직면하여

콜린과 알마가 결혼하기 8년 전에 프렌치 인도네시아라고
불리는 작은 동남아시아 국가의 백성들이 그들의 식민지 정
부를 전복시키고, 두 개의 나라(북 베트남과 남 베트남)를
세웠습니다.

남 베트남 정부는 미국과 그리고 다른 서방 세력들과 동맹
을 맺었습니다. 그러나 민족 분열에 격분한 북 베트남 정부
는 남 베트남을 전복시키고, 그 나라를 공산주의 정부로 통
일시키기를 원했습니다. 그래서 북 베트남은 남 베트남의 공
산주의자들인 베트콩을 지원했습니다.

그것은 남 베트남의 정부에 대한 장기적인 게릴라전으로

발전되었습니다.

1962년에 베트콩의 군사력이 너무나도 강하게 성장해서 남 베트남을 전복시킬 것만 같았습니다. 그래서 미국은 남 베트남 군대를 훈련시켜 강화하기 위해, 그리고 미국의 동맹국인 연약한 정부를 지원하기 위해 군사 고문단을 파견하기 시작했습니다.

동남 아시아에 도착한 직후, 콜린 파월 대위는 남 베트남 샤우 계곡에 있는 베트남 부대에 배속되었습니다. 그의 부대는 한번에 수주 간씩 라오스 국경 근처에 있는 멀고 험한 산악 정글 지대를 순찰하며 베트콩 게릴라, 그들의 보급선, 그들의 요새를 수색했습니다.

콜린과 그의 부하들은 자기들에게 필요한 모든 것 – 식량, 물, 의복, 무기, 탄약 – 을 등에 지고 산을 오르내렸고, 정글의 늪지대를 건넜으며, 뱀이 우글거리는 강을 헤엄쳐 건넜습니다. 그 곳 열대 밀림의 뜨거운 열기는 도저히 견딜 수가 없었습니다.

그러나 콜린 대위는 코끼리풀의 날카로운 잎사귀와 기분 나쁜 정글 곤충들로부터 자신을 보호하기 위해 긴소매 옷의 단추를 잠그고 바지 끝을 군화 속에 집어넣었습니다.

적군을 발견하면 공격하라는 명령을 받았으나 콜린은 곧

방어하는 경우가 더 많다는 것을 알게 되었습니다. 매일 새벽마다 저격병들이 매복해 있다가 습격했습니다.

이것은 위험하고, 어려우며, 신경질 나는 전쟁이었습니다. 그리고 매일 똑같은 일이 반복되었습니다. 정글을 행군하고, 적군의 흔적을 찾으며, 언제 어디서 총을 쏠지도 모르는 보이지 않는 공격자들을 경계하고 기다리는 일이 반복되었습니다. 그들은 밟으면 사람들을 죽이거나 불구로 만들기 위해 설치해 놓은 함정과 위장 폭탄을 피해야만 했습니다.

어느 날 밤, 콜린의 캠프가 박격포 공격을 받는 동안 그의 머리 위 6m 상공에서 거대한 섬광이 폭발했습니다. 그는 재빨리 땅에 엎드리고 또다른 포탄이 떨어지기 전에 벙커로 기어들어 갔습니다.

그러나 다른 전우들은 그런 행운을 얻지 못했습니다. 그들의 부르짖음과 신음하는 소리를 듣고, 콜린은 그들을 돕기 위해 벙커에서 기어 나왔습니다.

그 다음날 아침이 되어서야 비로소 무슨 일이 일어났는지 정확히 알 수 있었는데, 포탄이 그가 서 있던 나뭇가지를 쳤던 것입니다. 그래서 파편이 그의 오른편과 왼편으로 흩어져 양편에 있던 대 여섯 명이 부상을 당했던 것입니다. 만약에 포탄이 나뭇가지를 치지 않았더라면 아마 그는 죽었을 것입

니다.

　박격포 공격을 받은 다음날, 헬리콥터가 캠프 위를 선회하면서 보급품과 우편물을 투하했습니다. 콜린은 나무 밑에 앉아 어머니에게서 온 편지를 개봉했습니다. 그의 어머니는 가족들의 소식을 전한 후에 "그런데 우리는 아기 때문에 너무나도 기뻤단다!" 라고 썼습니다.

　그는 곧 자기가 아버지가 되었다는 사실을 알게 되었습니다. 콜린은 흥분해서 정신이 없었습니다. 그러나 아내가 아들을 낳았는지 딸을 나았는지 알지 못했고, 아내인 알마가 건강한지도 몹시 궁금했습니다.

　그래서 그는 통신병에게 베이스 캠프와 연결하게 했습니다. 거기에는 아직 배달되지 않은 우편물 더미 속에 아내 알마의 편지가 있었습니다.

　그는 "지금 당장 그것을 읽어 주시오!" 라고 말했습니다. 그의 아내가 수주 전에 마이클이라는 아들을 낳았다는 것이었습니다.

　콜린은 알마와 아기와 함께 있고 싶은 마음이 간절했지만 그 간절함 대신에 그는 베트남 정글에서 설사로 고생하며 모기의 공격을 받았습니다.

 콜린 파월

피를 빨아먹는 거머리는 나무에서 그의 머리 위에 떨어지거나 강을 건널 때, 그의 옷 속에서 꿈틀거렸습니다. 그리고 6개월이라는 긴 시간이 흐른 다음에야 그는 집으로 갈 수 있었습니다.

그 해 여름 어느 날, 적군 지역을 순찰하고 베이스 캠프로 돌아올 때, 콜린은 그의 오른쪽 다리가 떨어져 나가는 것같이 아프고 발이 쑤시는 것을 느꼈습니다. 아래를 내려다보았더니 죽창(날카롭고 독을 묻힌 대나무 못)이 달린 베트콩의 위장 폭탄을 밟았다는 것을 알았습니다. 죽창이 정글 군화를 뚫고 그의 발등까지 관통했던 것입니다.

그가 2시간 동안 절뚝거리며 베이스 캠프로 돌아왔을 때, 그의 발은 시뻘겋게 부어 올라서 군의관이 그의 군화를 칼로 잘라내야만 했습니다.

콜린은 수술을 받기 위해 즉시 병원으로 후송되어졌습니다. 그는 그 부상으로 인해 퍼플 하트(Purple Heart; 명예 상이 훈장) 메달을 받았습니다. 그러나 그 상처를 치료하는 데에는 수주 간이 걸렸습니다. 그리고 나서 그는 일년 간의 베트남 복무 기간을 끝마쳤습니다.

콜린이 집으로 돌아왔을 때, 알마를 보고 또 어린 마이클을 처음으로 만나게 되어 무척 기뻤습니다. 그러나 그가 없는 동안에 벌어진 어떤 일들 때문에 무척 속이 상했습니다. 콜린이 지구 반대편에서 외국인들의 인간 존엄의 권리와 자유를 위해 싸우는 동안에 알마는 버밍햄에서 그녀의 부모들과 함께 살고 있었습니다.

그러나 버밍햄에서는 공민권(국회나 지방 자치 단체의 의회에 관한 선거권·피선거권을 통하여 정치에 참여하는 지위나 자격)을 얻기 위해서 평화스럽게 행진하던 사람들이 얻어맞고 투옥되었습니다.

그들은 흑인이 백인 레스토랑에서 음식을 먹을 수 없고, 공설 운동장에서 놀 수도 없으며, 백인들이 먹는 물도 마실 수 없게 만든 불공정한 법률에 대해 항의를 했습니다. 버밍햄에 있는 교회에서 폭탄이 터져 4명의 흑인 소녀들의 생명을 앗아갔으며, 인종 간의 긴장이 고조되었습니다.

그것이 더욱 악화되어 밤에 알마와 아기가 잠을 잘 때에 그녀의 아버지는 필요하다면 군중들로부터 자기의 가정을 지키기 위해 총을 들고 지켰습니다.

콜린은 정부를 전복시키기를 원하는 자들과 합류하지 않았습니다. 그러나 불공정과 편협성이 그를 화나게 만들었습니다. 그가 귀국한 지 수주 후에 모든 미국인의 공민권을 지지하던 존 F. 케네디 대통령이 암살되었을 때, 콜린은 미국의 미래를 걱정하지 않을 수 없었습니다.

어느 날, 콜린은 그가 주둔했던 베닝 기지와 가까운 조지아주 콜럼버스에 있는 패스트푸드 레스토랑인 벅스 바비큐에 들어갔습니다.

그가 햄버거를 주문했을 때, 여종업원이 아프리카 학생인지를 물었습니다.

그는 "아니오!" 라고 대답했습니다.

"푸에르토리코 사람입니까?"

"아니오!"

"그렇다면 니그로입니까?" 라고 그녀가 물었습니다.

그가 그렇다고 대답했을 때, 그녀는 앞문으로는 그에게 햄버거를 줄 수 없다고 말했습니다. 그러나 뒷문으로 돌아서 들어온다면 기꺼이 주겠다고 말했습니다.

콜린이 돌아서서 밖으로 나와 차를 몰았을 때, 주인과 종업원들이 창문 너머로 보였습니다. 그가 화가 나서 차를 몰고 갈 때에 그들은 웃고 있었습니다.

그러나 상황은 조금씩 변했습니다. 미국 정부는 남부의 레스토랑들이 흑인을 상대하지 않는 것을 불법으로 만드는 법률을 통과시켰습니다. 린든 B. 존슨 대통령이 1964년에 흑백 평등을 위한 공민법에 서명한 후, 콜린은 벅스 바비큐를

다시 찾아갔습니다.

그는 앞문으로 걸어 들어가 가까운 테이블에 앉아 햄버거를
주문했습니다. 그는 레스토랑에 앉아 그것을 먹었습니다. 그리
고 주인에게 한마디 말도 하지 않고 조용히 걸어 나왔습니다.

그는 영웅들을 환영하지 않고
브라스 밴드의 환영이 없으며
승리의 퍼레이드를 하지 않는 나라는
결코 전쟁에서 승리할 수 없다는 사실을 알았습니다.

또다시 베트남으로

미국에서 계속되는 소동에도 불구하고 그 다음 5년 동안은 콜린의 생애에 있어서 가장 행복한 시기였습니다. 그와 알마는 함께 있었습니다. 그리고 그는 아들 마이클과 1965년에 태어난 딸 린다의 아버지라는 것이 무척 자랑스러웠습니다.

그는 대부분의 시간을 조지아주 베닝 기지에서 보냈습니다. 거기서 그는 여러 가지 임무를 맡았습니다. 콜린은 9개월 동안 보병 장교 고급 훈련 과정을 잘 이수하여 소령으로 진급되었으며, 그 다음해에 학교 교관으로 선발되었습니다. 나중에 콜린은 미군 보병 병참 검사관이 되었습니다. 무기로부터 군화, 삽, 식기에 이르기까지 병사들이 사용하는 모든 장비는 전투시에 의지로 싸우는 병사들에게 지장이 없도록 반드시 그것들은 검사를 거쳐야만 했습니다.

그 사이에 콜린은 패스파인더 코스(Pathfinder Course)에 참여했습니다. 패스파인더란 공수 부대의 낙하 지점을 확보해 주기 위해 미리 적군 지역에 낙하산을 타고 침투하는 엘리트 척후병(적의 형편이나 지형 등을 살피는 병사)입니다. 훈련이 무척 힘들고 거칠었습니다.

그리고 대부분의 훈련 동료들은 이미 공수 부대에서 낙하산 훈련을 받았습니다. 그들은 매일 아침마다 모든 사람이 쓰러질 때까지 운동을 했습니다. 그리고는 8km를 달렸습니다. 나머지 시간에는 학과 수업을 했습니다. 밤에는 비행기에서 뛰어내리는 훈련을 했는데, 아래쪽에 어떤 위험이 있는지 알 수가 없었습니다.

그래서 콜린은 나중에 자기에게는 낮이든 밤이든 아무런 문제가 되지 않았다고 말했습니다. 왜냐하면 그는 점프할 때 항상 눈을 감았기 때문입니다. 사실상 그는 대부분의 전우들처럼 대담하게 뛰어내리지 못했습니다. 그는 다음과 같이 말했습니다.

"나는 뒤로 꽁무니를 뺐습니다. 그리고 억지로 램프(Ramp;

  콜린 파월

계단 난간의 굽은 부분)를 밟았습니다. 그 결과 다른 사람들은 마치 독수리처럼 날아오르는 반면에, 나는 엉덩이를 램프에 부딪히며 비행기에서 뛰어내렸습니다."

그러나 훈련 졸업식 날에 그는 다음과 같이 말했습니다.

"놀랍게도 땅을 좋아하는 병사가 일등으로 졸업을 했습니다. 나는 그것을 자랑스럽게 생각합니다. 그러나 비행기에서 뛰어내리는 일만은 하고 싶지 않습니다."

베닝 기지에 있는 동안에 콜린 파월 소령은 그의 훈련을 계속했습니다. 그리고 동남아시아의 정글에서 전투할 다른 장교들을 훈련시키는 일에 참여했습니다.

베트남 전쟁은 계속되었습니다. 그리고 50만 명의 미군들이 지구의 반대편에서 싸울 정도로 확대되었습니다. 그래서 콜린이 또다시 1년 동안 해외 근무를 하기 위해 그의 가족들을 떠나야만 한다는 것이 거의 확실했습니다. 그는 아내인 알마에게 "언제 그런 일이 있을지 모르니 항상 준비하고 있으시오!"라고 말했습니다.

그러나 그가 캔자스주 리벤워스 기지에 위치해 있는 육군 참모대학(CGSC)에 선발되었다는 통지를 받았을 때, 그날은 연기되었습니다. 콜린은 그의 가족들을 남겨두고 지구 반대편으로 전쟁을 하러 떠나는 대신에 그의 가족들을 데리고 캔

자스주로 이사했습니다.

리벤워스 기지는 1827년에 미주리 강변에 세워졌는데, 서부 변방에 위치한 역사적인 부대였습니다. 콜린이 그 곳에 도착했을 때, 제일 먼저 한 일은 강에서부터 기지에 이르는 오솔길을 찾는 것이었습니다.

그 곳은 너벅선(배의 밑바닥이 편평하고 넓은 배)을 타고 도착한 개척자들이 마차를 타고 서쪽에 있는 산타페와 오리건 산길(개척자들이 이용한 3,200km의 도로)로 향하는 여행 길을 시작한 지점이었습니다. 그 곳에서는 실제적으로 역사의 숨결을 느낄 수가 있었습니다. 그리고 아침마다 수업을 받으러 갈 때에 그는 다음과 같이 말했습니다.

"조지 암스트롱 커스터, 필립 셰리던, 드와이트 아이젠하워, 조지 패튼 그리고 다른 역사적인 군인들의 발자취가 남아 있는 길을 따라 걸으니 감개무량하다."

육군참모대학(CGSC)에서 그의 동료들 대부분은 그보다 나이가 더 많고, 경험도 더 많은 소령들과 중령들이었습니다. 그들 중 많은 사람들이 복무 중에 이미 석사 학위를 땄다는 사실을 알았을 때 콜린은 민간 대학교 학위 후원 프로그램(GCSP)에 지원하는 것이 좋겠다고 생각했습니다. 그는 자기의 생각을 상관에게 이야기했습니다. 그러나 상관은 콜린의 대학 성적표를 보고 "대학원에 갈만한 성적이 아니네!" 라고 말했습니다.

그런 반응은 콜린으로 하여금 더욱 마음을 굳히게 만들었습니다. 그는 그 상관이 틀렸다는 것을 입증하고자 했습니다. 그 다음해에 육군참모대학(CGSC)에서 2등으로 졸업했을 때, 콜린 파월이 민간 대학원에 갈 자격이 있다는 것은 의심할 여지가 없는 사실이었습니다. 그러나 전쟁은 계속되었습니다. 그래서 그는 먼저 베트남 전투를 위한 훈련을 받아야만 했습니다.

1968년에 많은 미국인들은 그들의 나라가 베트남 전쟁에 개입하는 것이 과연 현명한 일인지 의심을 품게 되었습니다. 장병들이 고국의 존경과 전폭적인 지지를 받지 않고서 외국에서 전쟁을 수행한다는 것은 어려운 일이었습니다. 그러나 콜린 파월 소령에게 있어서 두 번째로 베트남에 복무하는데 가장 어려운 일은 또다시 1년 동안 가족들과 떨어져 있는 것이었습니다.

그가 1963년에 베트남을 떠났을 때에는 겨우 16,000명의 미군들이 그 나라에 주둔하고 있었습니다. 그러나 콜린이 1968년 7월에 남 베트남의 수도 사이공에 도착했을 때는 어디든지 미군(GIs)들이 떼지어 몰려 다녔습니다.

그가 도착했을 때, 콜린은 미군 사단 보병 대대 행정 장교로 배치되었습니다. 콜린은 많은 행정적 임무를 수행하여 그의 지휘관이 전투에만 집중할 수 있게 해 주었지만 그런 일은 그가 원하던 것이 아니었습니다. 그러나 그는 열심히 일했습니다. 그래서 부하들에게 감동을 주어 그 대대가 사단 내에서 최고의 부대로 검열 평점을 얻었습니다.

어느 날, 사단장인 게티스 장군이 2개월이나 지난 잡지 「육군 타임즈」(Army Times)를 읽다가 리벤워스 기지 육군참모대학(CGSC)의 최고 졸업생들의 사진을 보게 되었습니다. 그리고 그 장군은 그가 베트남에 도착했을 때, 콜린을 만난 것을 기억하게 되었습니다.

게티스 장군은 그의 부관에게 말했습니다.

"우리 사단에 리벤워스 기지 육군참모대학(CGSC)을 2등으로 졸업한 사람이 있다. 그는 오지에 행정 장교로 처박혀 있다. 그를 이리로 데려오라. 나의 참모로 쓰겠다."

하룻밤 사이에 콜린은 800명의 대대 병력을 돌보다가 18,000명의 병력과 포병 연대와 비행 대대와 450기의 헬리

콜린 파월

콥터를 위해 군사 작전을 지시하고, 전투 계획을 짜게 되었습니다. 그것은 중요하고도 도전적인 일이었습니다. 그는 베트남에서 그런 임무를 맡은 유일한 소령이었습니다. 군대 내에서 다른 작전 참모들은 중령 이상이었습니다.

콜린은 정기적으로 지프를 타고 다니면서 야전 장교들을 만나고 정글 지역에 흩어져 있는 부대들을 방문했습니다. 1968년 11월 어느 날, 게티스 장군과 그의 참모장 트레드웰 대령과 부관 토멜슨 대위와 콜린 파월 소령 등이 장군의 헬리콥터를 타고 쿠앙 느가이로 갔습니다. 제11여단이 29개의 적군 베이스 캠프와 본부와 훈련소와 무기와 서류들을 접수했습니다. 대대장이 그의 부하들에게 사단장의 헬리콥터가 착륙할 수 있도록 정글 지역의 풀을 잘라 연막장을 만들라고 명령했습니다. 그리고 그들은 연막탄을 쏘아 올려 그 지점을 표시하고 조종사에게 풍향을 알려 주었습니다.

그러나 나무들 사이의 간격이 너무 좁아 헬리콥터 조종사는 첫 번째 착륙에 실패했습니다. 그래서 다시 선회하여 두 번째 착륙을 시도했습니다. 조종사가 상승했다가 천천히 하강하기 시작했을 때, 잘려 나간 가지들과 나뭇잎들이 공중을 가득 채웠습니다. 콜린이 보기에도 헬리콥터가 안전하게 착륙하기에는 공간이 충분하지 않았습니다. 그는 조종사에게

“다시 올라가!”라고 소리쳤습니다. 그러나 너무 늦었습니다. 헬리콥터 날개가 나무 줄기에 걸렸습니다.

콜린은 나중에 다음과 같이 회상했습니다.

“약 1분 간 우리는 날고 있었습니다. 그러나 다음 순간 헬리콥터가 마치 케이블이 끊어진 엘리베이터처럼 떨어졌습니다.”

그는 본능적으로 웅크리고 머리를 숙였습니다. 그리고 팔로 무릎을 감쌌습니다. 헬리콥터는 약 3층 높이에서 정글 바닥에 처박혔습니다.

훈련을 받을 때, 그는 비행기가 추락하면 될 수 있는 대로 빨리 불이 붙어 폭발하기 전에 그 자리를 피해야 살아남는다고 배웠습니다. 그래서 콜린은 좌석 벨트를 풀고 사격병 바로 다음으로 뛰어내렸습니다. 그러나 그 두 사람은 헬리콥터 잔해로부터 그리 멀리 달아나지 않아서 다른 사람들이 여전히 헬리콥터 안에서 꼼짝하지 못하고 있다는 사실을 알아차렸습니다.

사격병이 되돌아가 조종석 문을 열었습니다. 콜린도 헬리콥터에 기어올라갔습니다. 그 안은 엔진에서 나온 연기로 가득 차 있었습니다. 콜린은 게티스 장군을 발견했는데, 어깨가 부러진 것 같았습니다. 그는 좌석 벨트를 풀고 사단장을 나무 아래로 끌고 나왔습니다. 근처에 있던 몇 명의 병사들이 달려와 콜린과 함께 헬리콥터로 갔습니다. 그들은 사단 참모장 트레드웰 대령의 위치를 파악하고 그를 안전한 곳으로 끌고 나왔습니다.

콜린이 세 번째로 연기를 내뿜는 헬리콥터로 되돌아갔을 때, 장군의 부관이 피를 뒤집어쓰고 무전기와 엔진 사이에 끼어 있는 것을 발견했습니다. 콜린은 대위가 죽었다고 확신했습니다. 그러나 그를 밖으로 끌어냈을 때, 대위는 신음소리를 냈습니다. 콜린은 헬리콥터가 폭발하기 전에 그를 불타는 동체 밖으로 끌어냈습니다.

헬리콥터에 타고 있던 모든 사람을 구출한 후에 콜린은 발에 통증을 느꼈습니다. 모든 생존자가 다른 헬리콥터를 타고 병원으로 후송되었을 때, 엑스레이(X-ray)를 찍어 본 결과 발목이 부러졌다는 것을 알게 되었습니다.

대개 뼈가 부러지면 일본으로 후송되었습니다. 베트남의 습기가 치료를 방해하기 때문이었습니다. 그러나 콜린은 자기의 일을 했으며, 깁스를 풀기 전 일주일 동안 절뚝거리며 다녔습니다. 그 후에는 에이스 압박 붕대를 사용했습니다. 의사들은 그에게 어리석다고 말했습니다. 아마 그들의 말이 맞을 것입니다. 발목이 완전히 나아 발을 잘못 디뎌도 고통이 없을 때까지 거의 7년이 걸렸습니다.

콜린 파월 소령이 두 번째 베트남 근무를 끝냈을 때, 그는 두 번째 퍼플 하트(Purple Heart)와 레지온 오브 메리트(Legion of Merit) 훈장을 받았습니다. 그는 또한 헬리콥터 사고 후 그의 용감한 행동 때문에 군인훈장(Soldier's Medal)도 받았습니다. 그것은 비전투 상황에서 영웅적인 행동을 한 군인들에게 주는 미군 최고의 상이었습니다.

콜린은 전쟁터에서 집으로 돌아왔습니다. 그러나 그는 영웅들을 환영하지 않고, 브라스 밴드의 환영이 없으며, 승리의 퍼레이드를 하지 않는 나라는 결코 전쟁에서 승리할 수 없다는 사실을 알았습니다. 그 자신과 또다른 베트남 전쟁 퇴역 군인들이 그들의 나라에 바친 헌신을 이해하고, 감사하는 사람은 거의 없었습니다.

10

워싱턴에서 한 일

콜린 파월 소령은 미국으로 돌아온 직후, 워싱턴에 있는 조지워싱턴대학교에서 대학원 공부를 시작했습니다. 비록 공식적으로는 군대에 속해 있었을지라도 경영학 석사(MBA) 과정을 공부하는 동안에는 마치 민간인처럼 살았습니다. 콜린은 버지니아주 데이드시 포토맥 강 건너편에 처음으로 그의 집을 샀습니다.

콜린 파월은 이제 32살이 되었습니다. 그래서 학교 수업에 약간 뒤처지는 것 같았습니다. 그는 가장 나이가 많은 학생이었습니다. 비록 군사학교에서는 뛰어난 성적을 거두었지만, 대학원에서는 그리 잘하지 못해서 더 잘해보리라 결심하고 그대로 실천했습니다.

콜린은 첫 학기에 "all A"를 받자 그 자신도 놀랐습니다. 사실상 그는 단 한 과목을 제외하고는 모든 과목에서 A학점을 받았습니다. 그는 "컴퓨터 논리"라는 과목에서만 B학점을 받았습니다.

대학원 시절에 콜린의 생애에 있어서 두 가지 중요한 사건들이 발생했습니다. 1970년 봄에 알마는 두 번째 딸 앤마리 파월을 낳았고, 그 해 여름에 그는 중령으로 승진했습니다. 그가 대학교에 다니므로 공식적인 승진 의식이 없었기 때문에 콜린은 가족들을 거실에 모아 놓고 7살 된 외아들 마이클이 은으로 만든 참나무 잎(중령 계급장)을 그의 셔츠에 달게 했습니다.

그가 1971년에 MBA 과정을 졸업했을 때, 콜린 파월 중령은 전세계 모든 미군의 본부인 펜타곤(국방부)에 배치되었습니다. 콜린은 그의 가족들이 또다시 이사를 하지 않아도 되었기 때문에 기뻤습니다. 버지니아에 있는 그의 집이 펜타곤에서 몇 km만 떨어져 있었기 때문이었습니다. 그러나 그가 MBA 학위를 받았기 때문에 군대가 그에게 어떤 일을 맡길지 약간 걱정이 되었습니다.

그러나 다행히 그가 별로 좋아하지 않는 컴퓨터 업무 대신에 콜린은 육군 부참모차장인 윌리엄 듀푸이 장군의 사무실로 배치되었습니다. 군대의 미래를 위해 계획하는 것이 임무였던 그 장군은 부하들에게 엄격하기로 소문이 나 있었습니다. 그러나 콜린은 결코 어려운 일을 피하지 않았습니다. 그와 그의 새로운 상관은 원만하게 지냈습니다. 그리고 그는 국방부가 워싱턴에서 최고의 수준으로 일하고 있다는 사실을 알게 되었습니다.

콜린은 듀푸이 장군으로부터 매우 중요한 교훈을 배웠습니다. 어느 날, 그들이 함께 여행할 때에 장군은 그에게 어떤 충고를 해 주었습니다. 장군은 자기 자신과 가정에 대하여 소홀히 해서는 안 된다고 말했습니다. 장군은 콜린에게 군대 밖에서 개인적인 생활과 가정 생활에 충실해야 한다고 충고했습니다.

비록 어떤 면에서는 이미 그 충고를 따르고 있었을지라도 콜린은 결코 장군이 말한 것을 잊지 않았습니다. 그에게 있어서 가정 생활도 중요했지만 교회 생활도 역시 중요했습니다. 그의 아버지와 같이 콜린 파월도 정기적으로 교회에 참석해 예배를 드렸으며, 버지니아주 우드브리지에 있는 성 마가레트감독교회에서 지도자로 봉사했습니다. 그와 알마는 팬케이크 만찬에서부터 연례 행사인 기금 마련을 위한 모금에 이르기까지 모든 종류의 교회 활동에 참여했습니다. 그리고 콜린은 주일학교에서 5학년반을 가르치기도 했습니다.

콜린과 알마에게 있어서 교회와 믿음은 어린 시절부터 매우 중요한 것이었습니다. 그것은 어른이 되어서도 계속 중요했습니다. 그리고 그들은 교회 생활을 자손들에게 물려주어야 할 가정의 가치요, 전통의 중심으로 삼았습니다.

이 시기에 콜린 가족들은 민간인 생활 스타일에 적응해야만 했습니다. 그들은 군대에서 제공해 주는 관사 대신에 교외 지역에 있는 자기 집에서 살았을 뿐만 아니라 아이들도 부대 내에 있는 학교 대신에 공립학교에 다녔습니다. 그리고 알마도 PX(Post Exchange; 군대 매점, 피엑스) 대신에 민간인 상점에서 쇼핑을 했습니다.

중령인 콜린 파월은 민간인들만큼 봉급을 많이 받지 못했습니다. 그래서 그들에게는 돈이 없었습니다. 그들은 88달러를 주고 알마의 삼촌들 중의 한 사람으로부터 구입한 녹이 쓴 1963년 모델의 시보레 자동차를 몰았습니다. 하지만 알마는 그 차가 고물 자동차로 보이는 것을 싫어했습니다.

그래서 어느 주말 아침에 콜린은 일찍 일어나 가까운 상점으로 가서 라텍스 페인트를 사 가지고 급히 집으로 와서 차에 페인트를 칠했습니다. 잠시 후, 그가 알마를 깨워 헌 차에 페인트를 칠한 것을 보여 주자 그녀는 매우 기뻐했습니다. 멀리서 보면 거의 새차와 같았습니다. 하지만 2m 이내에서 보면 솔질을 한 표시가 났습니다.

어느 날에 그가 듀푸이 장군을 위해서 일하고 있을 때, 어떤 보병 소령이 그에게 전화를 걸어 8페이지 분량의 지원서를 보낸다고 말했습니다. 그리고 콜린에게 주말까지 작성하라고 말했습니다. 그가 "무슨 지원서입니까?"라고 물었을 때, 그것은 백악관 특별 연구원 근무 지원서라고 말했습니다. 콜린은 그에 대해 별로 관심이 없다고 말했습니다. 그러나 그 장교는 선택의 여지가 없다고 말했습니다.

백악관 특별 연구원 근무 프로그램은 전국의 젊은 지도자들로 하여금 최고 수준의 워싱턴 연방 정부의 일을 경험할 수 있도록 하기 위해 마련된 것이었습니다. 대부분의 지원자들은 연구 기관과 일반 기업 출신이었습니다. 그러나 군대는 더 많은 지원자들을 보내기로 결정했습니다. 그래서 콜린에게 지원하라고 명령한 것이었습니다.

1,500명 이상이 지원을 했습니다. 콜린이 서류 심사를 통과하고 면접을 보게 된 130명 중에 들어갔을 때, 그의 가족들은 콜린을 무척 자랑스러워했으며 마치 합격을 한 것처럼 말했습니다.

"콜린은 백악관으로 가서 대통령을 도울 것이다!"

35명의 지원자들이 최종 면접을 보게 되었습니다. 그리고 그는 17명의 합격자들 중 한 사람이 되었습니다. 흑인으로서 합격한 사람은 단 두 명이었습니다.

콜린은 그 해에 경영 및 예산실(OMB)의 특별보좌관으로 배치되었습니다. 그것은 워싱턴에서 가장 중요한 정부 기관들 중의 하나였습니다. 그는 리처드 닉슨 대통령이 임명한 세 사람들, 즉 캐스퍼 와인버그, 프랭크 칼루치, 프레드 말렉 등과 같이 일하게 되었습니다. 그는 백악관 행정부 건물에서 일했으며, 정부가 어떤 일을 하는지를 배우고, 많은 주요 인사들을 만나며, 그 프로그램의 일환으로 소련과 중국을 여행하기도 했습니다.

특별 연구원 근무 기간이 끝나자 그의 상관은 콜린에게 닉슨 정부에 남아 있으라고 요청했습니다. 그러나 자신이 군인임을 마음에 새기고 있던 콜린은 군대로 되돌아가기를 원했습니다. 그래서 그는 그 제의를 거절하고, 펜타곤(국방부) 상관에게 지휘관 자리를 달라고 요청했습니다.

그는 한국에 있는 8군 제2보병사단 제32보병연대 제1대대의 지휘관이 되었습니다. 그러나 안타까운 것은 한국이 가족들을 동반할 수 없는 근무지라는 사실이었습니다. 그는 아내와 가

족들을 데리고 갈 수 없었습니다. 그
는 12개월 동안 알마와 또 열 살,
여덟 살, 세 살 짜리 어린 자녀들을
버지니아에 남겨두고 떠나가야만 했
습니다.

　그는 알마에게 "당신에게 희생만 강요하
는군!" 이라고 말하자 그녀는 동의해야만 했습니다.

　"그러나 이것이 최선이라면 그렇게 하세요!"

　알마의 격려가 없었다면 그는 그 일을 해낼 수 없었을 것
입니다. 그러나 아내와 가족들을 또다시 떠나야 한다는 것은
가장 고통스러운 일이었습니다.

　콜린 파월 중령이 지휘한 대대는 경기도 동두천시 캠프 케
이시(Camp Casey)에 있었습니다. 그 곳은 비무장 지대
(DMZ) 바로 남쪽에 있었습니다. 그것은 북한과 남한을 가
로지르는 국경을 따라 배치된 중립적 비전투지역을 가리키
는 용어입니다.

　그가 한국에 도착했을 때, 제1대대는 풍기 문란, 마약 복
용, 인종 간의 긴장 등으로 악명이 높았습니다. 그러나 애칭
이 "건파이터"인 사단장 헨리 에머슨 소장은 콜린이 그 대대
를 통제할 수 있을 것이라 생각했습니다. 그는 콜린이 인종

문제와 마약을 단속하는 것을 지원해 주었습니다.

규율을 조금만 더 세게 잡아도 엄청난 차이가 있었습니다. 콜린은 다음과 같이 말했습니다.

"나는 게으름뱅이들을 군대에서 추방했습니다. 그리고 마약을 복용하는 자들은 감옥에 집어넣었습니다. 우리는 매일 아침마다 6.5km를 달렸고, 밤이 되면 너무 지쳐서 싸움을 일으킬 기력도 없었습니다."

"여왕의 해적들"이라고 불리던 콜린의 대대가 1974년 한국에서 복무를 마칠 때쯤, 깡패 집단 같던 병사들이 어떤 도전에도 대처할 수 있는 용감한 군인으로 바뀌어졌습니다. 그가 그처럼 훌륭한 일을 해냈기 때문에 에머슨 장군은 그를 한국에서 가장 유능한 두 명의 대대장 중 한 명으로 평가했습니다(대대장은 모두 65명이었다).

콜린은 워싱턴 맥내어 기지에 있는 명성 높은 국방대학원에서 더 많은 훈련을 받기 전에 또다시 펜타곤에 배치된 것을 기꺼이 받아들였습니다. 그런 와중에서도 가장 좋았던 일은 그의 가족들이 계속해서 버지니아에 있는 그들의 집에서 살 수 있다는 것이었습니다.

국방대학원을 절반쯤 마친 1976년 2월에 콜린 파월은 대령으로 승진했습니다. 그 해 늦게 학교를 졸업했을 때, 그는 그의 반에서 보병여단의 지휘관이 된 두 명의 장교들 중의 한 명이었습니다. 이때 그의 가족들은 켄터키주 캠프벨 기지로 이사를 가야만 했습니다.

콜린이 1년 동안의 복무 기간을 끝마쳤을 때, 그의 가족들은 다시 워싱턴 지역으로 이사를 갔습니다. 콜린은 펜타곤에 재배치되었습니다. 그리고 존 케스터를 위해 일했는데 그는 지미 카터 대통령 때, 국방 장관의 보좌관이었습니다.

케스터는 콜린의 기록을 읽어보았습니다. 백악관 특별 연구원 근무, 지휘관으로서의 경력, 펜타곤의 근무 경험, 베트남전쟁에서 받은 훈장, MBA 등에 관한 것이었습니다. 그는 그것을 보고 매우 좋아했습니다. 면접을 하는 동안 그는 콜린에게 "나는 당신을 체크해 보았소. 그리고 당신에 대한 많은 좋은 소문들을 들었소!"라고 말했습니다.

콜린은 그에게 "나도 당신을 체크해 보았소!"라고 말했습니다. 그는 케스터에게 씩 웃으며 "그런데 별로 좋지 않더군요!"라고 말했습니다.

콜린은 그와 일을 하게 되었습니다. 얼마 후에 카터 대통령의 국방부 부국장인 찰스 던컨이 콜린에게 그의 군사 보좌관이 되어달라고 요청했습니다. 던컨은 콜린 파월의 세 가지 점들을 좋아한다고 말했습니다. 즉 그가 다른 사람들과 협조를 잘하고, 무엇을 배워도 빨리 배우며, 열정과 체력이 넘친다는 것이었습니다.

어느 날 저녁 그의 어머니가 방문해 있는 동안, 콜린은 모든 가족을 식탁에 불러모아 놓고 가족 회의를 했습니다. 모두 무슨 일인지 궁금했습니다. 그들은 모두 자리를 잡고 앉아서 그가 말하기를 기다리고 있었습니다.

그는 한 사람씩 쳐다보았습니다. 그리고는 "오늘 대통령께서 내가 장군이 되었다고 말했습니다!" 라고 이야기를 했습니다. 그의 어머니는 그를 껴안았고, 그의 아내 알마와 자녀들도 모두 기뻐했습니다.

로널드 레이건이 1980년 대통령 선거에서 지미 카터를 이겼을 때, 콜린은 이제 국방부 시절은 끝이 났다고 생각했습니다. 그러나 레이건 대통령이 캐스퍼 와인버그와 프랭크 칼루치를 국방 장관과 차관으로 임명했을 때, 닉슨 행정부 시절부터 그의 상관이었던 그들은 콜린 파월 장군에게 군사 보좌관으로 남아 달라고 요청했습니다.

몇 개월 후에 군대로 되돌아가 야전 지휘관 자리를 차지하게 되었을 때, 콜린은 그 기회를 놓치지 않았습니다. 먼저 그는 콜로라도 카슨 기지로 가서 부사단장이 되어 제4기계화 보병사단의 군사 작전과 훈련을 책임졌습니다. 그리고 나중에 리벤워스 기지로 가서 부사령관이 되었습니다.

그가 두 번째 별을 단 후(그는 육군 소장이 되었음), 콜린 파월은 다시 워싱턴으로 소환되었습니다. 국방 장관은 그가 군사 보좌관으로 복무해 주기를 원했습니다. 그것은 중요한 직책으로서 콜린에게 워싱턴에서 가장 중요한 사람들을 만날 수 있을 뿐만 아니라 다른 나라의 최고 지도자들도 만날 수 있는 기회를 가져다 주었습니다. 그러나 그는 여전히 군대로 되돌아가기를 원했으며, 그 일은 그가 진정으로 사랑하는 일이었습니다.

1986년에 국방 장관은 그가 독일 프랑크푸르트에 있는 5군단 지휘권을 수락하는데 동의했습니다. 그는 자신의 군대 경력을 시작한 그 나라로 다시 갔습니다. 이번에는 국경을 지키는 소대장이 아니라 10만 명의 부하들을 거느리는 지휘관인 군단장이었습니다. 그는 세 번째 별을 달아 중장이 되었습니다. 콜린은 자신의 위치와 자기가 하는 일을 사랑했습니다. 그래서 그는 "아마 나는 세상에서 가장 행복한 장군일 것이다!" 라고 말했습니다.

그러다가 그는 워싱턴으로부터 한 통의 전화를 받았습니다. 그것은 그의 오래된 친구이자 이전 상관이었던 프랭크 칼루치였습니다. 그는 방금 레이건 대통령의 국가 안보 담당 대통령 보좌관으로 임명되었습니다. 그는 "콜린! 나는 당신이 필요하오!"라고 말했습니다.

그러자 콜린은 그에게 "나는 진정한 군인으로 살겠소!"라고 대답했습니다. 그리고 다른 사람을 찾아보라고 말했습니다. 그러나 프랭크 칼루치는 "그것이 최고 사령관의 직접적인 요청이기 때문에 나도 어쩔 수가 없소!"라고 했습니다.

약 이틀 후, 콜린의 부엌에서 전화벨 소리가 들렸습니다. 그것은 레이건 대통령이었습니다. 그는 콜린에게 그가 5군단 지휘관으로 남아있기를 얼마나 원하는지를 알지만, 고국으로 돌아와서 프랭크 칼루치가 국가안전보장회의를 바로잡는 것을 도와주는 것도 국가적으로 중요한 일이라고 말했습니다.

파월 장군은 "네, 알겠습니다!"리고 대답했습니다.

레이건 대통령은 "갓 브레스 유!"(God bless you!) 라고 그에게 말했습니다.

그렇게 해서 콜린 파월은 워싱턴으로 되돌아와 레이건 행정부의 나머지 기간 동안 백악관의 웨스트 윙(대통령 비서관들이 근무하는 건물 이름)에서 일했습니다. 그것은 칭송받는 일이기 때문이 아니라, 군인으로서 최고 사령관의 뜻을 따르지 않을 수 없었기 때문에 그렇게 했습니다.

 콜린 파월

11

어떤 일에도 적격한 사람

콜린 파월 가족이 워싱턴으로 돌아온 지 몇 개월 후 어느 날, 유럽에 있던 장군이 콜린의 아들 마이클 파월 중위에 대해 나쁜 소식을 전해 주었습니다. 콜린의 아들은 아버지의 발자취를 따라 윌리엄앤메리대학에 다닐 때, ROTC에 들어갔으며 소위로 임관되었습니다. 그의 아버지와 같이 마이클도 독일에서 첫 해외 근무를 시작했습니다.

어느 날 밤, 기지로 돌아오다가 그가 타고 있던 지프의 운전병이 핸들을 놓쳤습니다. 그래서 지프가 굴러 마이클은 심한 부상을 입었습니다. 콜린은 급히 집으로 달려가 알마에게 전해 주고 새로운 소식을 기다렸습니다. 그녀는 조용히 듣고 있었습니다. 그러나 언제 그들의 아들을 볼 수 있는지 알기를 원했습니다. 그것은 오래 가지 않았습니다. 레이건 대통령이 군용 비행기를 내주어 그날 저녁에 독일로 갈 수 있었습니다.

그들이 미군 병원에 도착했을 때, 마이클은 너무나 부어올라 콜린 부부가 그들의 아들을 알아볼 수 없을 정도였습니다. 그가 지프에서 떨어지자 그 차가 그를 덮쳤던 것입니다. 그는 골반이 부서지고, 등뼈가 부러졌으며, 내부 장기들도 크게 다쳤습니다.

의사는 콜린 부부에게 "그의 상태는 위급합니다. 생명을 구할 수 있을지 모르겠습니다." 라고 말했습니다.

그러나 콜린과 알마는 그들의 외아들이 살아날 것이라고 말했습니다.

"최선을 다해 마이클을 치료해 주십시오!"

의사들이 치료를 하는 동안에 콜린 부부는 외아들을 위해 기도했습니다. 그들은 곧 마이클을 워싱턴 D.C.에 있는 월터 리드 군병원으로 후송했습니다. 거기서는 탁월한 의사들이 수술을 하기 때문에 그들은 마이클이 회복될 것이라는 희망을 가졌습니다.

알마는 계속해서 아들 곁에 머물렀습니다. 콜린도 가능한

한 많은 시간을 병원에서 보냈습니다.

콜린 부부의 기도는 응답을 받았습니다. 그러나 회복은 느리고도 고통스러웠습니다. 그 다음 9개월 동안 마이클은 14번이나 수술을 받았고, 그가 마침내 퇴원했을 때, 군대는 그를 의병 제대 시켰습니다.

그러나 비극 가운데서도 한 가지 좋은 일이 있었습니다. 마이클이 대학에 다닐 때, 데이트를 하던 아가씨가 그 당시에 워싱턴에서 일하고 있었는데, 마이클이 사고를 당했다는 소식을 듣고 그녀는 매일 그를 방문하게 되었습니다. 그가 퇴원한 지 7개월만에 마이클 파월과 그의 여자 친구인 제인 노트(Jane Knott)는 결혼을 했습니다.

마이클은 단지 사고로부터 생명을 구한 것이 아니었습니다. 그는 다시 인생을 걷는 법을 배웠으며, 결혼도 하고, 아버지가 되어 법대 대학원에 들어갔습니다.

사생활에서 일어난 모든 일에도 불구하고 콜린 파월의 직업 생활은 활기를 잃지 않았습니다. 국가 안보 담당 대통령 부보좌관으로서 그는 대통령, 부통령 그리고 여러 장관들과 함께 정기적으로 회의에 참석했습니다.

그는 그 해 여름에 베를린 장벽에 있는 브란덴부르크 문 앞에서 대통령이 강한 어조로 연설을 해야 한다고 주장했습

니다. 국무부는 그것이 좋은 생각이라고 확신하지 못했습니다. 그러나 레이건 대통령은 그 충고를 받아들여 "고르바초프씨, 이 문을 열고…이 장벽을 허무시오!"라고 연설했습니다.

1987년 가을, 프랭크 칼루치가 국방 장관으로 임명되었을 때, 대통령은 콜린 파월 장군을 국가 안보 담당 대통령 보좌관으로 임명했습니다. 이제 그가 할 일은 거의 매일 대통령을 만나 국가 안전에 영향을 주는 국외, 국내, 군사적 문제들에 대해 자문을 하는 것이었습니다. 그리고 대통령, 부통령, 국무 장관과 국빙 장관을 포함하는 국가안전보장회의를 주재하는 것이었습니다. 그것은 미국 역사상 흑인이 차지한 것 중에서 가장 강력한 직책이었습니다.

하루아침에 콜린 파월은 레이건 행정부의 가장 인기 있는 인물들 중 한 사람이 되었습니다. 그는 끊임없이 연사로 요청을 받았으며, 그의 사무실은 인터뷰 요청으로 북새통을 이룰 지경이었습니다. 그러나 그는 너무 바빴기 때문에 대부분의 초대를 거절했습니다.

레이건 대통령의 2기 임기 중 마지막 14개월 동안 콜린 파월은 세계 지도자들의 경제 정상 회담과 멕시코, 캐나다, 나토(NATO; 북대서양 조약 기구) 동맹국 등과의 우호 정상 회담을 감독했을 뿐만 아니라 고르바초프 소련 대통령과의 3번에 걸친 정상 회담도 준비했습니다. 그 외에도 콜린은 날마다 대통령의 자문에 응했습니다.

콜린 파월 장군을 국가 안보 담당 대통령 보좌관으로 임명했을 때, 레이건 대통령은 "때때로 어떤 일에도 적격한 사람을 보게 될 것입니다. 그것이 바로 내가 콜린 파월에 대해서 느낀 점입니다."라고 말했습니다.

레이건 대통령의 나머지 임기 동안 콜린 파월은 대통령의 신임을 받았습니다. 레이건은 국가 안보 담당 대통령 보좌관인 콜린에게 다음과 같이 말했습니다.

"워싱턴에서 솔직하게 말할 수 있는 사람을 찾는다는 것은 매우 귀중한 자산입니다. 그러나 솔직하고도 충성스러운 사람을 찾는다는 것은 더욱 귀중한 일입니다!"

콜린 파월의 자랑스러운 자산 중의 하나는 그가 레이건 대통령에게 설명을 할 때에 찍은 사진입니다. 대통령은 사진 뒷면에다가 "당신이 말한다면, 그것은 반드시 옳은 일입니다!"라고 쓰고, 서명을 해 주었습니다.

콜린은 대통령이 자기를 신뢰해 주어 감사했습니다. 그러나 그런 신뢰에 대해 무거운 책임감을 느끼지 않을 수 없었습니다.

조지 부시 부통령도 콜린 파월의 리더십을 가까운 곳에서 지켜보았습니다. 그의 사무실이 콜린의 사무실 바로 옆에 있었기 때문이었습니다.

그는 너무나도 강한 인상을 콜린에게 받았기 때문에 1988년에 대통령으로 선출되었을 때, 그는 자신의 행정부에 남아 달라고 요청했습니다. 그리고 미국의 중앙 정보국(CIA)이든 국방부(펜타곤)든 간에 자리는 마음대로 선택하라고 제의했습니다. 그러나 콜린은 그런 제의를 거절하고, 새 대통령에게 다시 군대에서 일하고 싶다고 요청했습니다.

1989년 4월에 콜린 파월은 또다시 승진하여 4성 장군(대장)이 되었습니다. 그는 또한 조지아주 아틀랜타에 있는 맥퍼슨 기지에서 육군의 **참모총장**으로 임명되었습니다. 그는 100만 명의 현역 군인, 예비군, 국가 방위군 등을 세계 어디서든지 미국의 이익을 수호하기 위해 훈련시키는 것을 책임지고, 감독해야만 했습니다.

그러나 다시 한번, 그의 임기는 단명으로 끝났습니다. 4개월 후에 부시 대통령은 콜린 파월에게 **합참의장**으로 일해 달라고 요청했습니다. 그것은 육군, 해군, 공군, 해병대의 최고 지휘관들로 구성된 위원회의 의장이라는 직책이였습니다.

대통령은 그런 결정을 선언할 때 다음과 같이 말했습니다.

"합참의장은 폭넓고, 판단력이 뛰어나며, 경험이 많고, 고결한 사람이 되어야만 합니다. 콜린 파월은 그런 자질들을 충분히 가지고 있습니다."

30년 이상 복무한 뒤, 콜린 파월 장군은 미국에서 최고로 높은 장군이 되었습니다. 그는 군사적인 문제에 대해 대통령에게 자문해 주는 주요 인물이 되었을 뿐만 아니라, 군대에 의해서 전군의 최고 사령관인 대통령의 명령이 제대로 실천되는지 감독하는 일을 하게 되었습니다.

그의 새로운 임명식에서 군대를 사열한 후에 콜린 파월은 수많은 펜타곤의 군인들과 민간인 고용인들 앞에서 연설을 했습니다. 그는 그들에게 자기가 얼마나 책임을 중히 여겼는지를 말해 주었습니다.

그는 펜타곤의 복도를 걸어갈 때, 날마다 지나치게 되는 거대한 그림에 대해 이야기했습니다. 그것은 유화로서 1960년대에 우디 이스마엘이 그린 것이었습니다. 그것은 스트레테직 에어 컴맨드 예배당의 내부를 그린 것이었습니다.

콜린의 마음을 사로잡은 장면은 밝은 햇빛이 스테인드 글라스(착색 유리)를 통해 강단 앞에서 무릎을 꿇고 앉아 있는 남편과 아내와 그 자식들의 얼굴을 밝게 비추고 있는 것이었습니다. 또 그 가족들은 아빠가 전쟁터에서 무사히 귀환하기를 기도하고 있었으며, 무슨 일이 생기든지 그에 대처할 수 있는 힘을 얻게 될 것이라는 장면이었습니다.

새로운 합참의장은 말했습니다.

"내가 그 그림을 지나칠 때마다 위험한 시기에 이 나라를 위해 봉사하는 모든 사람을 위해 조용히 기도하게 됩니다."

그리고 그는 그 그림 밑에 새겨져 있는 구약성서 이사야의 구절을 인용했습니다.

"주 하나님께서 물으셨습니다. '내가 누구를 보내며 누가 우리를 위하여 갈꼬?' 그때에 이런 대답이 나왔습니다. '내가 여기 있나이다. 나를 보내소서!'"

콜린 파월 합참의장은 계속해서 말했습니다.

"미국은 지금 세계 많은 나라에서 독재주의를 민주주의로 바꿀 수 있는 역사적인 기회를 얻고 있습니다. 강한 군대만이 침략을 억제하고 평화를 촉진시킬 수 있습니다."

그리고 그는 다음과 같은 결론을 내렸습니다.

"만약에 우리가 성공한다면, 우리의 병사들이 준비만 철저히 한다면 귀중한 생명을 바치지 않아도 될 것입니다."

비록 자신의 생애를 싸우고, 훈련하며, 그것을 위해 계획하는 곳에 바쳤을지라도 콜린 파월은 전쟁의 대가를 잘 알고 있었습니다.

그는 자기가 좋아하는 성경 구절("사랑장" - 고린도전서 13장)을 읽으면 깊은 감명을 받는다고 말했습니다. 그는 항상 무력의 사용은 최후의 선택이 되어야 한다고 생각했습니다. 그는 "전쟁은 최후의 수단이 되어야만 합니다!" 라고 말했습니다. 그 자신이 그것을 상기하기 위해서 콜린은 그리스 역사학자 투키디데스의 말을 인용했습니다. 그것은 펜타곤에 있는 그의 책상 유리 덮개 밑에 새겨져 있습니다.

"모든 형태의 힘들 중에서 자제심이 가장 큰 감동을 심어

준다!"

그러나 그가 합참의장에 취임한지 이틀만에 그의 장군들 중의 한 사람이 군사적인 행동을 필요로 할지도 모르는 문제가 발생했다고 말했습니다. 그것은 그가 미국 최고의 지휘관으로서 직면하게 된 최초의 도전이었지만, 그러나 분명히 마지막은 아니었습니다.

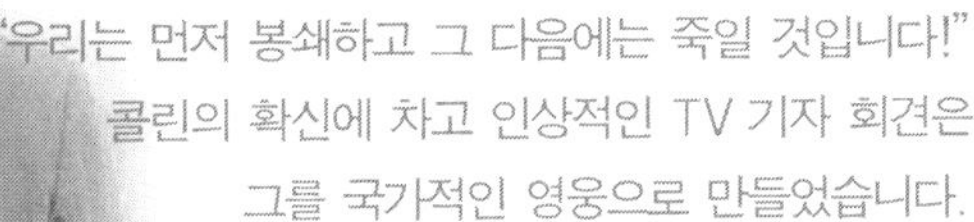

12

독재자들을 쳐부수고

파나마(Panama; 중앙 아메리카에 있는 공화국)의 장교들은 그들 나라의 부패한 지도자 마누엘 노리에가 장군을 타도하려고 애썼습니다. 미국도 노리에가가 축출되기를 원했습니다.

그는 수년 동안 미국의 동맹으로 가장하면서 한편으로는 은밀하게 라틴 아메리카의 공산주의자들과 협조하고, 콜롬비아 마약 사범들과의 거래를 통해서 개인적으로 치부(재물을 모아 부자가 됨)했습니다. 그는 미국으로 마약을 밀수하려는 음모를 꾸민 혐의로 플로리다주에서 기소되었습니다.

쿠데타 지도자들은 미국의 도움을 요청했습니다. 그러나

그들은 계획을 실천에 옮길 만큼 조직적이지 못했습니다. 콜린 파월을 포함해서 많은 미국의 관리들은 베트남에서의 실패를 기억하고 다른 나라의 내정 문제에 개입하기를 주저했습니다.

쿠데타가 실패하고 노리에가가 주동자들을 처형했을 때, 의회 지도자들은 독재자에게 대항하는 사람들을 지원해 주지 않았다고 콜린을 비롯하여 부시 행정부에 속한 사람들을 비난했습니다.

그러나 콜린은 대통령의 결정이 옳았다고 믿었습니다. 그는 명백한 이유가 있고, 또 철저한 계획이 있어야만 미군을 파병할 수 있다고 생각했습니다.

1989년 12월 15일에 노리에가는 의회로 하여금 그를 파나마의 "최고 지도자"로 선포하게 하고 미국에 대한 선전 포고를 비준(조약의 체결에 대한 당사국의 최종적 확인·동의의 절차)하게 했습니다. 그 다음날 합동참모부위원회 위원들 중 한 사람인 톰 켈리 중장이 콜린에게 "의장님, 문제가 생겼습니다!" 라고 보고했습니다.

노리에가의 군대가 미국 해병대에게 치명적인 타격을 가하고 해군 장교의 부인을 능욕 하였습니다. 그래서 부시 대통령과 그의 보좌관들은 더 이상 참을 수가 없었습니다.

콜린은 공격 계획을 세우기 위해 회의를 소집했습니다.
1989년 12월 20일 아침 일찍 미국 대통령은 대규모의 공격
을 선포했습니다. 그것은 베트남전 이후 미군이 행한 최대
규모의 공격이었습니다.

이번에는 목표가 분명했습니다. 노리에가를 사로잡고, 그
에게 충성하는 세력들을 파괴하는 것이었습니다.

콜린 파월 합참의장은 신문 기자들에게 진행 상황을 설명
했습니다. 며칠만에 노리에가의 군대가 궤멸되자 파나마의
상황이 제2의 베트남전으로 변하지 않을까 하는 우려는 신속
히 사라졌습니다. 노리에가는 숨었습니다.

그러나 콜린 파월 합참의장은 미국인들에게 "우리는 끝까
지 그를 추적하여 반드시 찾아낼 것입니다."라고 약속했습
니다.

노리에가는 궁지에 몰려 그 해가 끝나기 전에 항복했습니
다. 그가 미국 연방 감옥으로 연행되었을 때, 파나마 국민
들은 그의 통치가 끝나고 민주주의가 탄생한 것을 경축 했
습니다.

1월 초에 콜린은 파나마로 가서 그의 군대에게 축하하고,
언제 어떻게 군대가 철수할 것인지에 대해 논의했습니다. 그
가 합참의장이 된지 90일 정도밖에 되지 않았을 때 일입니

다. 그러나 그는 베트남전 이후로 최초의 군사적 충돌을 지휘했습니다. 최소한의 희생으로 군사적 목표를 달성했고, 그것은 엄청난 성공으로 간주되었습니다.

그러나 파나마의 위기는 앞으로 다가올 일에 비하면 시작에 지나지 않았습니다.

1990년 8월에 세계의 반대편에서 또다른 독재자가 미국과 그 동맹국들에게 도전해 왔습니다. 수백 대의 이라크 탱크들이 국경을 넘어 작은 이웃 나라인 쿠웨이트를 침공했습니다. 무슨 일이 일어났는지 깨닫기도 전에 이라크는 쿠웨이트를 완전히 점령했습니다.

이라크 지도자 사담 후세인은 쿠웨이트가 너무 많은 양의 석유를 생산하여 가격을 폭락시켜 자국의 석유 수입금이 감소하자 무척 화가 났습니다.

그는 또한 쿠웨이트가 두 나라 사이의 국경 지대에서 공동으로 생산하는 석유를 불법적으로 너무 많이 가져갔다고 비난했습니다. 그의 해결책은 쿠웨이트를 이라크의 영토로 선포하는 것이었습니다. 그리고 쿠웨이트 국민들에게 그의 통치를 받아들이지 않는다면 그들의 땅을 공동 묘지로 만들어 버리겠다고 선전 포고를 했습니다.

 콜린 파월

　세계의 모든 나라가 후세인의 행동을 비난했습니다. 콜린과 다른 미국 지도자들은 이라크가 쿠웨이트에 멈추지 않고, 세계에서 가장 큰 석유 생산 지역인 사우디아라비아까지 침공할까봐 사우디아라비아와 미국 지도자들은 염려했습니다.

　그들은 모두 사담 후세인을 막기 위해서 어떤 조치를 취해야 할 필요가 있다고 생각했습니다. 그러나 어떤 조치를 취할지 고민을 했습니다.

　콜린 파월 합참의장과 그의 장군들은 사우디아라비아의 거대한 석유 생산 지역을 방어할 계획을 세우고, 암호명을 "사막의 방패"라고 했습니다.

　부시 대통령은 이라크가 쿠웨이트를 합병할 수 없다고 선언했습니다. 그리고 그 사태에 대해 얼마나 심각하게 생각하고 있는지를 보여 주기 위해, 그리고 동맹국을 보호하고 페르시아만에서 미국의 이익을 보호하기 위해 미군을 파병했습니다. 4주 내에 10만 명의 미군이 사우디아라비아로 이송되었습니다. 그리고 사막의 방패의 첫 번째 단계가 실시되었습니다.

　미국과 다른 나라들은 이라크와의 무역을 단절했습니다. 그리고 사우디아라비아는 이라크의 석유를 걸프만으로 운송하는 수송 관로를 단절시켰습니다. 이라크에 돈과 식량 공급이 중단되면 후세인은 쿠웨이트에서 철수할 것이라고 모든 사람은 희망했으나 실제로는 그렇게 되지 않았습니다.

대통령과 또다른 지도자들과의 회의에서 콜린은 이라크에게 쿠웨이트에서 철수를 요구할 시간이 되었다고 주장하자 부시 대통령은 그의 자문을 받아들였습니다.

그리고 9월 19일 상하 양원 합동 회의에서 미국은 쿠웨이트와 이라크 국경 지대에 "모래 위에 선을 그었으며" 침략자들이 물러나지 않는다면 심각한 결과를 맞이하게 될 것이라고 선언했습니다.

그 당시 콜린 파월은 미국이 거대한 군대를 아라비아 사막에 무한정 주둔시킬 수는 없었고, 만약에 베트남의 경우와 같이 길고도 값비싼 전생을 피하려 한다면 이라크를 신속하고도 확실하게 격퇴시킬 수 있는 대담하고도 정교한 계획이 필요할 것이라고 생각했습니다.

그리고 방어적인 전쟁이 아닌 공격적인 계획이 필요했습니다. 그래서 콜린 파월 합참의장은 걸프만 지역의 모든 미군을 지휘하는 야전군 사령관인 노먼 슈워츠코프 장군과 협의하기 위해 사우디아라비아로 갔습니다. 그들은 쿠웨이트를 점령하고 있는 50만 명의 이라크 군사들을 격퇴시키기 위해서 얼마나 많은 병력과 무기들이 필요한 지에 대해 대화를 나누었습니다.

병력 증강은 계속되었습니다. 더 많은 미군들과 동맹군들 그리고 더 많은 전함들이 걸프만에 파견되었습니다.

11월에 미국 의회는 만약에 침략군이 1월 15일까지 철수하지 않는다면 쿠웨이트로부터 이라크를 추방하기 위해 무력을 사용할 수 있는 권한을 부여해 주는 결의안을 통과시켰습니다. 그러나 후세인은 만약에 미국이 자신의 군대를 공격한다면 끔찍한 패배를 맛볼 것이라고 허풍을 떨었습니다.

후세인도 지켜보았을 TV 뉴스 회견에서 콜린 파월 합참의장은 이라크 독재자인 후세인에게 "우리를 위협하려고 하지 말라. 소용없다!" 라고 경고했습니다.

크리스마스 직전에 콜린은 사우디아라비아의 사막에서 미군들을 방문했습니다. 그는 플라스틱 봉지에서 꺼낸 차가운 치킨을 나누어 먹으면서 병사들에게 다음과 같이 말했습니다.

"휴가철에 가족들을 떠나 있다는 것이 어떤 것인지를 압니다. 그러나 이것은 중요한 일입니다. 자기 임무에 충실하십시오. 우리는 당신들의 가족을 돌보아 줄 것이며, 될 수 있는 한 빨리 집으로 돌려보내 주겠습니다."

고국으로 돌아와 대통령과 함께 전략을 논의하던 중, 그는 "갑자기 치십시오! 신속히 하십시오! 인명의 피해를 최소한으로 줄이면서 하십시오!"라고 조언했습니다.

1월 15일 이라크군의 아무런 움직임도 없이 사선(규정된 한계선)을 지나갔을 때, 부시 대통령은 군사력의 사용을 승인했습니다. 그 다음날 거대한 공중전이 시작되었습니다. 첫째 날 동맹국 비행기들은 3,000회나 출격했습니다. 스틸스 미사일 36발 중에서 33발이 목표물에 명중했습니다. 동맹국은 몇 대의 비행기만 잃었을 뿐이었습니다.

며칠 내, 이라크군 지휘 체계와 통신 센터가 무너졌습니다. 식량, 탄약 그리고 기타 보급품들이 파괴되었으며 보급 라인마저 두절되어 버렸습니다.

계획은 분명했습니다. 콜린 파월 합참의장은 어느 기자에게 전략에 대해 설명했습니다.

"우리는 먼저 봉쇄하고, 그 다음에는 죽일 것입니다!"

콜린의 확신에 차고 인상적인 TV 기자 회견은 그를 국가적인 영웅으로 만들었습니다.

일단 공중전으로 적을 약화시킨 다음에 콜린 파월 장군과 슈워츠코프 장군은 사우디아라비아 국경 지대에 있는 방어 기지들을 휩쓸어버림으로써 이라크를 놀라게 했습니다. 서쪽에서도 공격함으로 퇴각 의지를 꺾어버렸습니다.

2월 24일에 동맹군들이 그 일을 했고, 그 전략은 대성공이었습니다. 24시간 이내에 23,000명 이상의 이라크군들이 무기를 버리고 항복했습니다.

지상전을 시작한 지 두 번째 날, 사담 후세인은 그의 군대에게 쿠웨이트시에서 철수하라고 명령했습니다. 그러나 동맹군들은 그들의 유일한 퇴각로를 차단시켰습니다.

2월 27일에 쿠웨이트군은 다시 쿠웨이트 수도에 그들의 국기를 게양했습니다. 그 다음날 부시 대통령은 휴전을 선포했습니다. 이라크는 무조건 항복을 하고, 전쟁은 끝이 났습니다.

많은 전문가들은 그것이 역사상 가장 큰 군사적인 승리들 중의 하나였다고 말했습니다. 그 많은 병력이 그토록 짧은 시간 내에 지구를 반 바퀴 돌아 이동한 적은 결코 없었습니다. 전략도 너무나 훌륭해서 50만 명 이상의 군대가 6주 이내에 격퇴되었습니다. 동맹군 사상자도 수백 명에 지나지 않았습니다.

콜린 파월은 전례 없는 미국의 영웅이 되었습니다. 전국적인 잡지가 그의 사진을 표지에 실으려 했을 때, 그는 편집장에게 자기 대신에 슈워츠코프 사령관을 실으라고 말했습니다. 그는 사람들에게 그 전쟁의 진정한 영웅들은 일선에 나선 장병들이라고 말했습니다. 그는 그들을 자랑스럽게 "젊은이들" 이라고 불렀습니다.

걸프전에서 거둔 믿을 수 없는 성공에도 불구하고, 부시 대통령에게 있어서 정치적인 인기는 단지 일시적인 것에 지나지 않았습니다. 쿠웨이트를 해방시킨 지 1년 반만에 조지 부시는 빌 클린턴이라는 젊은 아칸소 주지사에게 패배하여 재선에 실패하였습니다.

많은 정치 전문가들은 부시가 댄 퀘일 부통령 대신에 콜린 파월을 러닝 메이트(Running Mate; 미국 부통령 후보자)로 삼았더라면 패배하지 않았을 것이라고 말했습니다. 그러나 그 결과는 알 수 없는 일이었습니다.

 콜린 파월

13

퇴역한 장군

콜린 파월은 펜타곤에 있는 그의 사무실에 서서 텅빈 벽을 쳐다보고 있었습니다. 그는 새로운 대통령 밑에서 합참의장으로서 9개월이라는 남은 임기 동안 근무했습니다. 그리고 오늘, 그는 군대에서 퇴역을 하게 되었습니다. 오늘 이후, 그는 더 이상 제복을 입지 않으며, 더 이상 장군도 아닙니다. 그는 퇴역한 장군이 되는 것입니다.

콜린 파월 장군은 빌 클린턴 대통령이 그를 보기를 원한다는 전갈을 받고 놀랐습니다. 그의 공식적인 퇴역식은 오후 4시로 잡혀 있었고, 대통령이 그 행사를 주재할 계획이었습니다. 그는 그 이전에 클린턴 대통령을 보게 될 줄은 예상하지 못했습니다.

콜린이 백악관에 도착했을 때, 클린턴 대통령은 그를 대통령 집무실 밖에 있는 트루만 발코니로 초대했습니다. 콜린은 잔디 의자에 앉고, 대통령은 흔들의자에 앉아서 대화를 나누었습니다.

클린턴 대통령은 콜린에게 그가 평생을 국가와 민족을 위해 한 일에 대해 감사한다고 말했습니다. 또 그는 콜린에게 해외 정보 자문위원회(Foreign Intelligence Advisory Board)의 위원장이나 디데이(D-Day; 1944년 6월 6일 2차 세계 대전 시 노르망디 상륙작전을 기념하는 날) 50주년 기념식 의장이 되어 달라고 요청했지만 콜린은 그런 일은 하고 싶지 않다고 대답했습니다.

그는 자서전을 집필하고, 가족들과 함께 시간을 보내기를 원했습니다.

그 두 사람은 30분 이상 소말리아 참전과 기타 정치적, 군사적 문제들에 대해서 토론을 했습니다. 콜린이 펜타곤으로 되돌아왔을 때, 조지 부시 전대통령이 찾아온 것을 보고 놀랐습니다. 그들을 배웅한 후에 콜린은 알마를 데리러 집으로 갔습니다. 그리고 그의 군대 생활의 마지막을 장식하기 위해 장군 정복으로 갈아입었습니다.

콜린이 일생동안 살면서 알게 된 사람들이 그의 퇴역식에 초대되었습니다. 메이어스 기지 운동장을 둘러보았을 때, 그의 누나 마릴린과 그 가족들뿐만 아니라 사촌들도 보였습니다. 퍼싱 라이플스, 겔하우젠, 디벤스 기지, 베트남, 리벤워스 기지, 카슨 기지, 프랑크푸르트의 동료들도 보였습니다.

교회 친구들과 백악관 특별 연구원 근무 시절의 동료들도 그 자리에 함께 있었습니다. 조지 부시 전대통령 부부, 부통령 엘 고어 부부, 전부통령 댄 퀘일 부부, 딕 체니 그리고 다른 많은 사람들이 명예로운 콜린 파월 장군을 축하하기 위해 그 자리에 모였습니다.

그리고 놀라운 일이 한 가지 더 있었습니다. 퇴역식이 시작되기 직전에 클린턴 대통령 보좌관이 콜린 파월에게 국가 원수인 대통령이 퇴역 장군인 콜린 파월에게 대통령 자유의 메달(Presidential Medal of Freedom)을 수여할 계획이라고 말해 주었습니다. 그것은 비군사적인 상으로는 최고의 훈장이었습니다.

콜린은 "사막의 폭풍" 작전 때에 그 훈장을 이미 받았다고 말했습니다. 그러나 이번에는 대통령 자유의 메달(Presidential Medal of Freedom)이라고 보좌관이 말했습니다. 그는 콜린에게 클린턴 대통령이 그의 목에 걸어줄 메달과 어깨에서

내려 뜨리는 현장(懸章)을 보여 주었습니다.

콜린은 "현장은 아닙니다." 라고 말했습니다. 의식이 시작되자 구름 뒤에서 태양이 나타났습니다. 그러자 19발의 예포가 발사되었습니다. 군악대는 특별히 그날을 위해 작곡한 노래를 연주했습니다. 그것은 "폭풍의 눈 콜린 파월 장군" 이라는 장엄한 곡이었습니다.

대통령이 콜린 파월의 목에 메달을 걸어 주었으나 그는 어깨에 현장은 차지 않았습니다. 알마도 군대가 주는 훈장을 받았습니다.

클린턴 대통령이 연설을 했습니다.

"당신에게 아들과 딸을 맡긴 가족들에게 말합니다…당신은 나라와 민족에 대해 자신의 임무를 충실히 다했듯이 그들에 대해서도 잘해왔습니다."

콜린 파월 장군은 군중들을 둘러보며 자신의 인생을 되돌아보았습니다. 뉴욕 브롱크스에서 성장하던 어린 시기, 대학에서의 ROTC 시절, 베트남 정글에서 보낸 낮과 밤, "사막의 폭풍"을 지휘하던 시절에 있은 사건들, 200만 명 이상의

육해공군들과 해병대를 책임지던 시절 …, 그의 군 복무 기간은 35년 3개월 21일 간이었습니다.

퇴역식이 끝난 후에 클린턴 대통령은 콜린 파월 장군에게 선물을 주었습니다. 그것은 1966년도 모델의 낡고 녹슨 볼보 승용차였습니다. 수년 동안 낡은 볼보 승용차를 수리하는 것이 콜린 파월의 취미였습니다.

콜린 파월 장군이 그의 퇴역식에서 연설할 때, 다음과 같이 말했습니다.

"나의 인생을 존귀하고 유익한 것으로 만드는 데에는 어떤 일과 관련이 있음을 발견했습니다. 나는 잘할 수 있었습니다. 나는 일하기를 좋아했습니다. 그것은 보기 드문 은총이었습니다. 유감이 있다면 그 모든 일을 다시 할 수 없다는 사실입니다."

그 다음날 아침 콜린이 아침식사를 하기 위해 부엌에 들어갔을 때, 알마가 그에게 "싱크대가 막혔어요. 그래서 물이 마룻바닥으로 새요!" 라고 말했습니다.

콜린 파월 전장군은 퇴역 첫날을 배관 공사를 하며 보냈습니다. 콜린 파월이 퇴역한 후에 그의 생활은 평범한 시민으로서의 생활이었습니다. 그는 알마, 그들의 자녀들 그리고 그들의 손자들과 함께 시간을 보냈습니다. 낡은 볼보 승용차도 수리했습니다. 책도 읽고, 영화도 보고, 자서전을 쓰는 일도 계속했습니다.

그러나 때때로 그와 알마는 여행을 하면서 오직 퇴역한 4성 장군이요, 조국의 영웅만이 할 수 있는 비범한 일들을 했습니다.

1993년 12월에 알마와 콜린 파월은 영국 여왕으로부터 기사 작위를 받았습니다.

1994년 5월에 콜린 파월은 남아프리카의 넬슨 만델라 대통령의 취임식에 참석했습니다. 만델라는 남아프리카 최초의 흑인 대통령이었습니다.

1994년 9월에 콜린 파월은 지미 카터 전대통령과 샘 넌 상원의원과 함께 아이티 섬에 평화사절단으로 갔습니다. 그들 세 사람들은 이이티 시도자들을 설득하여 전쟁 대신에 평화를 추구하겠다는 서약서에 서명하게 했습니다. 그 서류에 서명한 지 6시간 후에 미군이 착륙하여 아이티 국민들의 환영을 받았습니다.

몇 개월 후에 콜린이 공부를 하고 있는 중에 전화 벨이 울렸습니다. 백악관 전화 교환원이 대통령의 전화라고 말했습니다. 클린턴 대통령이 콜린 파월에게 이튿날에 백악관을 방문해 달라고 요청했습니다. 그와 함께 대화를 나눌 필요가 있다는 것이었습니다.

그 다음날 아침 일찍, 클린턴 대통령은 퇴역한 콜린 파월 장군에게 워런 크리스토퍼 국무 장관이 사임했다고 말했습니다. 그리고 콜린 파월에게 그 자리에 관심이 있는지를 물었습니다.

콜린 파월 장군은 대통령에게 그런 제의를 받아 영광스럽지만 거절하겠다고 대답했습니다. 그는 여전히 자서전을 쓰고 있었습니다. 그리고 그와 알마는 더 많은 시간을 가족과 함께 보내기를 원했습니다. 그는 1년 이상 정부 일에서 손을 떼고 있었습니다.

대통령은 그의 대답을 받아들였고, 콜린 파월은 백악관을 떠났습니다. 그러나 콜린 파월은 그가 또다시 그 국무 장관 직책을 제의 받을 줄은 상상도 하지 못했습니다.

1995년 7월 4일에 콜린 파월은 그의 자서전을 완성했습니다. 그리고 2개월 후에 책이 서점에 나왔습니다. 그래서 콜린 파월 장군은 자서전 여행을 시작했습니다.

그는 버지니아주 자기 집 근처에 있는 서점에서부터 시작했습니다. TV와 신문 기자들이 그 행사를 보도했습니다. 3,000명 이상의 사람들이 콜린 파월의 자서전을 사러 왔습니다. 콜린 파월 장군은 3시간 이상 머물면서 모든 사람에게 사인을 해 주었습니다.

　콜린 파월 장군은 자서전 여행을 시작한 이후, 그의 책과 그의 인생에 대해 이야기했습니다. 5주 동안 그는 25개의 미국 도시들과 영국, 프랑스를 여행했습니다.

　뉴욕시에서 책에 사인을 해 주다가 어릴 때의 친구들을 많이 만났습니다. 그는 또 워싱턴주 시애틀에 갔을 때, 베트남에서 헬리콥터 사고를 냈던 조종사인 밥 파일의 인사를 받았습니다.

　5주 동안에 콜린 파월 장군은 60,000권 이상의 책에 사인을 했으며 수많은 사람들과 대화를 나누었습니다.

　그가 가는 곳마다 사람들은 그가 다음 번 미국 대통령이 되는데 관심이 없는지를 물었습니다. 그는 출마를 권유하는 사람들로부터 많은 편지를 받았습니다. 어떤 사람들은 그가 대통령이 되어야 할 의무가 있다고까지 말했습니다.

최초로 흑인이 대통령으로 선출될 수 있는 기회라는 것이었습니다.

그러나 콜린 파월은 정치적인 직책을 위해 출마하고 싶지 않았습니다. 그는 정치적인 예정표를 가지고 있지 않았습니다. 그리고 대통령 선거 운동에 필요한 수백만 달러를 모금할 생각을 하니 별로 내키지 않았습니다.

그는 친구들에게 자기가 대통령에 출마를 해야 하는지를 물어보았습니다. 그는 그 결정을 놓고 신중히 생각하며 기도했습니다.

그와 알마는 그럴 가능성에 대해 수많은 대화를 나누었습니다. 알마는 단호했습니다. 그녀는 그가 출마하는 것을 원치 않았습니다.

마침내 1995년 11월 8일에 콜린 파월은 기자 회견을 갖고 "나는 1996년에 있을 대통령 선거나 다른 선거에 후보자로 나서지 않을 것입니다." 라고 말했습니다.

그는 자기가 어떻게 그런 결정을 하게 되었는지 그리고 그런 결정을 하기가 얼마나 어려웠는지에 대해서 설명했습니다. 그리고 그는 다음과 같이 말했습니다.

“마지막으로 많은 사람들이 나를 지지해 주어서 매우 영광
스럽게 생각합니다. 그것은 나의 영광이라기보다는 조국의
영광입니다. 한 세대만에 식당에서 흑인들에게 서비스를 거
부하고 인종 차별하던 상황에서 흑인이 국가 최고 지휘관인
합참의장이 되고, 또 대통령 후보로 거론되는 상황으로 발전
했습니다. 이 나라는 굉장한 나라입니다. 나는 그 나라의 아
들이 된 것을 매우 자랑스럽게 생각합니다!”

 콜린 파월

꿈을 꾸는 것으로도 충분하지 않습니다.
마음을 다하고 뜻을 다해 그것을 위해 공부하고,
그것을 위해 노력하고, 그것을 위해 싸워야만 합니다.

미국의 약속

콜린 파월 장군은 1996년 대통령 선거에 출마하기를 원하지 않았습니다. 그러나 그는 여전히 나라를 위해 봉사하기를 원했습니다.

1997년 4월에 빌 클린턴 대통령, 조지 H. W. 부시, 지미 카터, 제럴드 R. 포드 전대통령, 낸시 레이건 전영부인 등이 필라델피아에서 만나 소위 미국의 미래를 위한 대통령들의 정상 회담을 가졌습니다. 그들은 미국의 젊은이들에게 5가지 약속을 할 것을 촉구했습니다. 그들의 대통령 정상 선언문은 다음과 같습니다 :

모든 젊은이에게 다음과 같은 것을 보장해 주는 것이 명백하고도 의심의 여지가 없는 우리의 의무다.

첫째, 모든 젊은이는 그들의 인생에 있어 어른들이 부모, 멘토, 스승, 코치로서 돌봄을 받아야 한다.

둘째, 모든 젊은이는 조직적인 활동 가운데서 배우고 성장할 수 있는 안전한 공간을 가져야 한다.

셋째, 모든 젊은이는 건전한 출발과 건전한 미래를 설계할 수 있어야 한다.

넷째, 모든 젊은이는 시장성이 높은 기술을 습득하기 위해 효과적인 교육을 받아야 한다.

다섯째, 모든 젊은이는 그들 자신의 봉사를 통해 지역 사회에 환원할 수 있는 기회를 가져야 한다.

이 5가지 사항들은 유익할 뿐만 아니라 다음 세대가 반드시 가져야 할 필요가 있다고 믿었기 때문에 콜린 파월은 "미국의 약속"(America's Promise)이라는 새로운 조직의 의장이 되었습니다. 그 단체는 그 약속들 중에서 한 가지 이상을 실천하는 500개의 관계 기관들로 구성되었습니다. 콜린 파월은 거의 4년 동안 "미국의 약속"을 위해 시간을 보냈습니다. 그는 그것이 또다른 방식으로 국가에 봉사하는 것이며, 젊은이들의 삶을 바꾸어 놓을 수 있다고 생각했습니다.

콜린 파월 장군은 가는 곳마다, 어른들과 젊은이들에게 보다 나은 미래를 위해 협력할 것과 "미국의 약속"을 지키는 것에 대해 연설하는 가운데 자신의 체험과 신념에 대해 이야기했습니다.

닉슨의 보좌관이었으며 워터게이트(1972년 워싱턴 D.C.에 있는 민주당 본부 건물에 도청 장치를 한 정보 활동) 공모자였던 찰스 콜슨이 설립한 기독교 사역 단체인 교도소 선교회(Prison Fellowship)가 발행하는 잡지와의 인터뷰에서 파월 장군은 「인사이드 저널」(Inside Journal)을 읽는 250,000명의 죄수들에게 다음과 같이 말했습니다.

"여러분이 처해 있는 상황에도 불구하고 여러분은 뭔가 의미 있는 일을 할 수 있습니다. 여러분에 대한 다른 사람들의 편견을 받아들이지 마십시오! 가정이나 교회나 학교 등 뭔가 긍정적인 일을 하십시오! 천천히 하되 끝까지 고수하십시오! 여러분 자신의 인격을 형성하고, 여러분 자신이 결정을 하십시오! 만약에 여러분이 열심히 노력하고, 성공하는데 필요한 일에 투자한다면, 여러분은 뭔가 의미 있는 일을 할 수 있을 것입니다."

그리고 그 기사의 인터뷰 기자는 다음과 같이 말했습니다.

"오늘날 많은 젊은이들이 열심히 일하는 대신, 마약을 통해 쉽게 돈을 벌려는 유혹 때문에 감옥에 갇혀 있습니다. 당신의 메시지는 매우 가치가 있습니다."

콜린 파월 장군은 가는 곳마다 그 점을 강조했습니다. 그는 또 다음과 같이 말했습니다.

"열심히 일하지 않고, 성공한 사람을 본 적이 없습니다. 성공은 열심히 일할 때에 찾아오는 것입니다. 많은 기자들이 찾아와 '어떻게 그 일을 해냈습니까?' 라고 질문을 하면 '나는 개미처럼 일했을 뿐입니다!' 라고 대답했습니다. 나는 매우 열심히, 항상 열심히 일했습니다. 마룻바닥에 걸레질을 할 때에도 열심히 일했습니다. 15살 이후로 직업이 없었던 적이 결코 없었습니다. 고등학교와 대학에 다닐 때에는 대부분 육체 노동이었습니다. 대학을 졸업하고 군대에 들어갔습니다. 거기서도 35년 이상 열심히 일했습니다."

열심히 일한다는 것은 콜린 파월이 젊은이들에게 주는 메시지의 단골 주제입니다. 믿음과 신념도 마찬가지입니다.

그는 사람들에게 다음과 같이 말했습니다.

"나는 우리가 살고 있는 나라를 믿습니다. 나는 우리 나라의 체제를 믿습니다. 그리고 나의 가족들을 믿으며, 나 자신

 콜린 파월

을 믿습니다. 무엇보다 나는 우리에게 생명을 주어 어떤 목적을 위해 사용할 수 있게 해 주신 하나님을 믿습니다."

콜린 파월 장군은 과거를 기억하는 것이 중요하다고 강조하며, 흑인 대학 졸업식 연설에서 그는 청중들에게 다음과 같이 말했습니다.

"우리는 모두 기억을 되살려야만 합니다. 우리는 모든 미국인을 폭력과 영혼을 저주하는 마약과 우리 도시들의 혼란으로부터 구해 내야 합니다. 우리가 다른 사람들의 등을 밟고 올라설 때, 다른 사람들도 우리의 등을 밟고 올라서 더 높이 올라갈 것입니다 … 어느 날 저녁에 알마와 나는 시인 마야 앤젤루(Maya Angelou; 미국을 대표하는 흑인 여류 시인)를 만날 수 있는 특권을 누렸습니다. 그녀는 아칸소주 스탬프에서 보낸 유년 시절에 대해 이야기했습니다. 그녀는 수년 전에 그녀의 할머니가 한 말을 우리에게 이야기해 주었습니다. 그녀의 할머니는 그녀에게 '애야, 이 문지방을 건너면 일으켜 세워 줄께!' 라고 말했습니다. 그렇습니다. 여러분의 자녀를 일으켜 세우십시오! 그들을 귀중히 여기십시오! 그리고 그들을 사랑하십시오! 그들은 여러분의 미래입니다. 우리는 다음 세대가 잘못된 길로 가도록 허용해서는 안 됩니다."

"강한 가족으로 만드십시오! 그럴 때에 가장 나쁜 종류의 가난은 경제적인 가난이 아니라는 것을 기억하십시오! 그것은 가치관의 가난입니다. 그것은 남을 배려하는 마음의 가난입니다. 그것은 바로 사랑의 가난입니다."

콜린 파월은 그가 성장할 때, 받은 사랑과 배려를 결코 잊지 않았습니다. 그는 배우고, 또 자기의 꿈과 비전을 성취할 수 있는 기회가 주어졌다는 사실을 결코 잊지 않았습니다.

그래서 그가 그의 옛 이웃인 뉴욕시에서 연설해 달라는 초청을 받고 모리스고등학교의 낡은 돌계단을 걸어갈 때에 수많은 기억들이 떠올랐습니다. 그는 대부분 히스패닉계(라틴 아메리카 사람)와 흑인 학생들의 얼굴을 둘러보면서 다음과 같이 말했습니다.

"나는 이 장소를 기억합니다. 나는 여러분이 이해할 수 없는 감정을 기억합니다. 내가 이곳에서 자랄 때에는 기회가 한정되었습니다. 그러나 이제 그 기회는 활짝 열렸습니다. 여러분은 원하면 무엇이든지 될 수 있습니다. 그러나 원하는 것으로 충분하지 않습니다. 꿈을 꾸는 것으로도 충분하지 않습니다. 마음을 다하고 뜻을 다해 그것을 위해 공부하고, 그것을 위해 노력하고, 그것을 위해 싸워야만 합니다."

그는 계속해서 오늘날 미군(GIs)의 97% 이상이 고등학교 졸업생이라는 점을 지적했습니다.

"그러므로 낙제하지 마십시오! 끝까지 고수하십시오! 내가 여러분에게 한 가지 명령을 하겠습니다. 끝까지 고수하십시오! 고등학교에 머물면서 졸업장을 따십시오! 마약을 복용하지 마십시오! 그것은 어리석은 일입니다. 배경이 없다고 생각하지 마십시오! 도전하는 자만이 성취할 수 있습니다!"

그는 또한 학생들에게 좋은 역할 모델을 선택하라고 촉구했습니다.

"흑인이든 백인이든, 장군이든 교사든, 여러분을 이 세상에 낳아준 부모든 간에 자유롭게 선택하십시오!"

콜린 파월은 그의 자서전에서 젊은이들에게 어떤 인종이든지 간에 역할 모델을 찾아내라고 격려했습니다.

"흑인의 이상이 극단에 치우칠 때, 고립을 자초하게 됩니다. 나는 흑인 젊은이들이 흑인 작가, 시인, 음악가, 과학자, 예술가에 대해서 배우며 아프리카의 문화와 역사에 대해 배우기를 원합니다. 그와 동시에 미국의 어린이들이 아프리카 세계에서만 살아서는 안 됩니다. 그들은 흑인들의 유산과 더불어 민주주의의 기원은 그리스며, 사법 제도의 기원은 영국이며, 모든 종류의 인종과 피부색을 가진 미국의 혼합주의가 기여한 공로도 알아야 합니다. 젊은 흑인들에 대한 나의 메

시지는 300년 전에 태어났을지도 모르는 곳이 아니라 여러분
이 있는 그 장소에서 살기를 배우라는 것입니다. 아프리카가
흑인들의 영혼과 정신의 유일한 자양분을 공급하기에는 문화
적인 차이가 너무나도 크고, 세월이 너무 많이 흘러갔습니
다. 그 반대도 역시 마찬가지입니다. 젊은 백인들도 백인 세
상에서만 살 수 없습니다. 그들은 소수 민족들의 기본권을
얻기 위한 투쟁을 이해해야만 합니다.”

그는 계속해서 말했습니다.

“나는 백인이 지배하는 사회, 백인이 지배하는 직업 세계
에서 살았습니다. 그러나 나의 인종을 부정하지 않습니다.
그것이 나를 얽어매는 쇠사슬이나 극복해야할 장애물로도 보
지 않습니다. 다른 사람들은 나의 인종을 나에게 불리하게
사용할지도 모릅니다. 그러나 나는 결코 그것을 나에게 불리
하게 사용하지 않습니다. 나의 검은 피부는 자부심과 힘과
영감의 원천입니다. 나는 미국인입니다. 나는 누구에게나 공
평한 기회가 주어지고, 누구든지 열심히 일하고, 믿음을 가
진다면, 성공할 수 있는 미국을 믿습니다. 나는 여전히 그런
미국을 믿습니다.”

미국의 미래에 대한 그런 신념이 콜린 파월에게 있어서 그
의 퇴역 기간 동안 “미국의 약속”을 통하여 이 나라의 젊은

이들을 돕는 일을 한 이유였습니다. 그것은 또한 2001년 대통령 선거에 당선된 조지 W. 부시(조지 H. W. 부시 전대통령의 아들) 대통령이 또다시 국가를 위해 봉사해 달라고 요청했을 때, 그 제의를 수락한 이유이기도 합니다.

그는 흑인으로서는 최초로 행정부 수석 장관인 국무 장관이 되었습니다. 그러나 그가 얼마나 귀한 일을 할지 아무도 알지 못했습니다.

2001년 9월 11일에 비행기 테러범들이 뉴욕 세계무역센터와 워싱턴 펜타곤을 공격하고 세 번째 비행기는 펜실베이니아주에 떨어진 이후에 반테러를 위해 국제적 연대를 모색했고, 이스라엘과 팔레스타인 간의 분쟁을 조정하며, 세계 평화를 위한 노력을 계속하고 있습니다.

하나님께서는 분명히 그의 인생에 있어서 가장 중요한 역할을 위해 그를 준비하셨습니다.

콜린 파월 국무 장관은 자기가 해야 할 일이 더 많다는 것을 잘 알고 있습니다.

새로운 판형! 신선한 이야기!

21C 진정한 영웅들을 통한 비전 심기

교회학교 유·초등부, 중·고등부 선물용

유명한 지도자들의 삶을 가까이 그리고 자세히 들여다봅시다.

'꿈과비전시리즈'는 역경을 극복하고 오늘의 영웅이 된 평범한 사람들의 이야기를 담고 있습니다.

어린이·청소년들은 이 용기 있는 사람들의 감동적인 이야기를 읽으며 꿈과 비전을 품게 될 것입니다.

Joni Eareckson Tada

입으로 그리는 화가

조니 에릭슨 타다

16살에 목이 부러지는 비극을 뚫고 마침내 눈부신 승리!

뒤얽힌 난관 속에서도 강력한 의지를 발휘해 낸
감동적인 장애인의 삶

Ben Carson

크게 생각하라(씽크빅)의 저자

벤 카슨

흑인 빈민가 출신의 열등생이 세계적인 의사로 성공!

세계 최초로 샴 쌍둥이 분리 수술과
기적적인 수술들을 성공한 씽크빅 의사의 삶

각권 값 4,000원

저자 **그레그 루이스**(Gregg Lewis)는 40권 이상의 책을 저술, 혹은 공동 저술했으며 많은 상을 수상했다. 저서로는 벤 카슨 박사와 공동 저술한 「위대한 그림」과 캐롤린 마틴과 공동 저술한 「걷지 못하면 춤을 추어라」(비전북출판사) 등이 있다.

데보라 쇼 루이스(Deborah Shaw Lewis)는 10권이 넘는 책을 출간한 저자와 교사로서 일해 왔다. 전문적인 이야기 작가이기도 하며, 모성 권리와 가족 문제에 관심이 많고, 유아기 아동 발달 부문에서 석사 학위를 받았다. 그녀와 그레그는 다섯 아이들의 부모다.

역자 **홍원팔**은 기독교 출판계에서 20년이 넘게 번역을 해 온 전문 번역자로서 보문출판사, 임마누엘출판사, 알돌기획, 서로사랑출판사에서 번역 일과 편집장을 역임했다.

비전북 출판사는 오직 믿음으로만 살았던 개혁 신앙을 계승 발전시키고
다시 오실 주님의 길을 예비하는 마음으로 21세기에도 역동적인 신앙을 세우는데
꿈과 비전을 품고 예배와 삶의 일치를 이루는 출판 공동체입니다.

콜린 파월

저자 : 루이스 부부 / 역자 : 홍 원 팔
발행처 : **비전북출판사**
전화 : (031)955-4421 / 팩스 : (031)955-4432
공급처 : **미스바출판유통**
전화 : (031)955-4433 / 팩스 : (080)300-9191

값 4,000원